JN238282

仕事の生産性を高めるマネジメント

何が生産性向上の決め手となるのか

(学)産業能率大学総合研究所
生産性向上研究プロジェクト 編著

はじめに

● 「仕事、がんばっているんだけどなぁ……」

　みなさんの心象を表す言葉はさまざまだと思います。その実態もまたさまざまではあることでしょう。今現在も、多くの人が懸命に働き、たくさんの量の仕事をこなしているはずです。しかし、その努力が企業の業績に反映されない。それどころか、個人に対してはマイナスとなって戻ってくることも珍しいことではなくなってしまいました。

　もちろん、個々の組織や個人によっては、その努力を成果として得ることもできています。しかし、日本経済・産業の全体として「失われた10年」と言われていた状況は、いつしか15年どころか20年となりつつあります。

　こうした状況は、他者からの「生産性が低い」という指摘をそのまま受け入れるべきかどうかは別として、みなさん個人や組織活動にとって「望ましい生産性のレベルではない」ことは間違いなさそうです。

● 「部分最適の追求は全体最適をもたらさない？！」

　個人の努力が経営成果に結びつかず、組織全体としての生産性が望ましいレベルとはいえない状況となってしまった（しまっている）原因には、個別の事情や数えきれない要因があると考えられます。その中で共通するもの、根本にあるものは何なのか……？

　その代表としてよく取り上げられるものの1つに、「部分最適志向によって全体最適となっていない」というものがあります。これは「部分最適ではダメ」ということを意味する場合が多いようです。

「部分最適」は"悪"なのだろうか……？　この疑問が本書にとりかかる出発点の１つです。そして、**「部分最適は全体最適に背反しない」**がわたしたち執筆メンバーの結論でもあります。さらに**「全体最適を考えた上で部分最適の追求ができる人」**が、組織にとって望ましい生産性をもたらすと考えています。

● 「生産性向上の決め手」となるものは……？

「生産性向上の決め手となるものは"人"である！」というある種当たり前の回答に、みなさんは少し拍子抜けされるかもしれません。

これらの結論の意味するところは本書で説明していきますが、この当たり前が脆弱になってしまったことが「失われた〇年」として顕在化しているのではないか……？　だとすれば、当たり前を真に当たり前とするために「何をどうするべきなのか？」。このことを再考するために立ち戻った先が、本学創立者・上野陽一が提唱した「能率10訓」でした。

「個人の努力を無駄にしない、経営成果に意味のある生産性向上」を目指す。本書では「個人と組織が一体となって、継続的に生産性を向上していくための個人の働き方」を提唱しています。そして、組織の継続的な生産性向上を実現するための"人財"が「能率10訓の実践者」（＝**「全体最適を考えた上で部分最適の追求ができる人」**）です。

「個人の働き方」として、全体最適と部分最適、さらに短期と中長期的な視点の必要性を繰り返し述べていますが、目指すのは「組織として」の活動、生産性向上です。したがって、そこには組織が掲げる目的や目標、共通のルールである制度などに関することも含まれます。これを言い換えるならば、「個の努力＝部分最適」も不可欠ながら、それは「全体最適に整合」していなければならない。

つまり、個人の努力だけではなく、組織的な活動が必要だということです。

●**本書に関心をもってくださった方々に向けて**

本書は、組織において生産性向上を目指す、主としてマネジャー層の方々に手にとっていただくことを主眼としています。

そのため、紹介する事例などは組織の経営活動における業務場面を基調とした内容です。しかしながら、組織としての生産性向上の視点、そこでの働き方の考え方などは、あらゆるタイプの組織や団体、マネジャー層に限定しない組織人の方々に活用いただけるものと考えています。

「本当？」と思われることでしょう。そのみなさんの疑念は「能率10訓」（本書第1章第4節）をご覧いただければ解かれることになると確信しています。

本学創立者・上野陽一は、フレデリック・テーラーの「科学的管理法」を「能率学」として日本に広め、マネジメント・コンサルティングの基礎を創り出しました。上野が生涯をかけて唱えた「能率とは何か」「一時や短期に終わらない生産性向上はどうあるべきなのか」。これらの視点からまとめあげたものが本書です。

みなさんや組織・団体としての"これから"のために、そして、その過程で迷ったり、誤りそうになったときの"立ち戻るべき場所"として、「能率10訓」を思い起こしていただくことができれば、本書の意義は果たせるのだと思います。

本書の執筆は、本学の上野一郎最高顧問、上野俊一理事長からの貴重なご助言、ご高配なくしてはなしえないものでした。また、企画として不十分であった内容が出版として実現が叶ったのはひとえ

に、本学総合研究所　経営管理研究所前村真一所長のご尽力によるものです。また、(株)産業能率大学出版部の田中秀章氏、福岡達士氏に厚いご配慮・ご支援をいただいたことで、最後まで書きあげることができました。そして、本学総合研究所　福永信彦主幹研究員には、コンセプトづくりの段階から、示唆に富むご助言をいただきました。

　最後に、本書の刊行にご尽力いただいたすべての方々に、心から感謝申し上げます。

2010年7月

(学)産業能率大学総合研究所生産性向上研究プロジェクト

執筆者一同

― も く じ ―

はじめに

第 1 章　生産性向上はなぜ必要か ——— 1

1. そもそも生産性とは何か
   〜いろいろある生産性〜……… *2*
2. なぜ生産性が取り上げられることが多くなったのか
   〜"少ない働き手"の活かし方が切実なテーマに〜……… *6*
3. それでも生産性が上がらなかった身近な理由
   〜本来、生産性向上・改善は日常的な業務〜……… *9*
4. 組織として継続的に生産性を向上していくために
   〜能率 10 訓〜……… *12*

第 2 章　生産性向上と能率10訓の実践 ——— 31

1. 仕事をする目的
   〜その目的は、なぜ人によって異なるのか〜……… *32*
2. "想い"と仕事
   〜"想い"が仕事のやり方を変える〜……… *35*
3. 生産性を高める 5 つのパターン
   〜生産性向上のための視点を理解する〜……… *40*
4. 生産性向上に向けての注意点
   〜意識しなければ生産性は高まらない〜……… *44*
5. 生産性向上に貢献する人の要件とは……… *46*
   (1) みなさんは能率 10 訓を実践できますか　*46*
   (2) 実践できる人の条件　*48*
   (3) 実践できるメンバーを育てるためには　*56*

第3章　生産性向上のための経営指標
～全体最適を考える～ ──── *59*

1. 経営計画書の意味
   ～トップのメッセージを理解できていますか～……… *60*
2. 会社の成績を知らない不幸
   ～なぜ会社の成績を知る必要があるのか～……… *64*
3. "会計嫌い"の克服
   ～その第一歩は「財務会計と管理会計の違い」を知る～
   ……… *66*
4. 決算書はそもそもわかりやすく作られている
   ～会計に対する固定観念を打破する！！～……… *69*
5. 決算書の見方
   ～決算書で何がわかるのか～……… *71*
6. 経営指標と仕事の関係
   ～トップの方針を理解し、全社最適を志向するために～
   ……… *78*
   (1)「収益性」を把握する経営指標　*79*
   (2)「短期支払能力」を把握する経営指標　*84*
   (3)「安全性」を把握する経営指標　*88*
   (4)「効率性」を把握する経営指標　*92*
   (5)「会社全体」を把握する経営指標　*96*
7. 会計でのコミュニケーション
   ～会計を共通言語に！！～……… *99*
8. 全体最適と部分最適は背反しない
   ～全体最適をふまえた部分最適追求を～……… *101*

第4章　生産性向上へのアプローチ
　　　　～部門の業務を見直す～ ―――――― **105**

1. 会社は"業務の塊"
   ～バリューチェーンの意味を確認しよう～……… **106**
2. 部門本来の機能を確認する
   ～自分の部門が果たすべきことは何か～……… **109**
3. 「部門の業務」を改めて考える
   ～業務の棚卸をしてみよう～……… **112**
4. 業務の「見える化」①
   ～業務を「プロセス」で捉える～……… **117**
5. 業務の「見える化」②
   ～「使っている時間」を把握する～……… **121**
6. その業務の"お客さま"は誰か
   ～「後工程はお客さま」を極めるために～……… **123**
7. その業務は"お客さま"の何を満たさなければならないのか
   ～業務改善目標は"お客さまの声"で決まる～……… **126**
8. 業務棚卸表の確認
   ～プロセスの改善に着手する前に～……… **130**
9. ステップの中にあるプロセス
   ～プロセスマップをもとにした生産性向上・改善の基本的考え方～
   ……… **134**
10. 付加価値業務と非付加価値業務に分ける
    ～ムダとりは生産性向上の原資となる～……… **136**
11. プロセスのどの部分から手をつけるのか
    ～ボトルネックを見つける～……… **139**
12. 改善策を考える
    ～基本は「ECRS×7つの構成要素×7つのムダ」の組み合わせ～
    ……… **152**
13. 「業務の標準化ができて、改善成果が出れば終わり」ではない
    ～継続的改善の必要性～……… **158**

第5章　生産性向上のためのマネジメントのあり方 ━━━*161*

1. マネジメント活動についての確認……… *162*
2. 「目標の質」にこだわりをもち、高めていく……… *164*
3. 活躍のための「考える時間をつくる」……… *167*
4. 協働できるメンバーを増やす……… *169*
5. メンバーの成長を促す「活動」の設定……… *173*
6. メンバーの成長を促す働きかけ……… *176*
7. メンバーの新しい活動スタイルの幅を拡げるために
   ……… *178*
8. 生産性向上のためのマネジメント活動に本気で向き合う
   ……… *183*

参考文献・資料……… *185*
索　引……… *186*

第1章

生産性向上は なぜ必要か

1 そもそも生産性とは何か
〜いろいろある生産性〜

「生産性向上活動」。このような名称のもとで、全社を挙げて活動中という企業は少なくありません。一企業単位までとはいかなくても、個別の部門やプロジェクト活動として行い、過去に参加したことがあるという方もいることでしょう。

「ウチの会社ではそういう活動はない」「自分にはそんな経験はないな……」という方もいるかもしれません。ですが、「生産性が悪い、低いな……」と感じた経験がある、日常的にそう思っているという方は、かなり多いのではないでしょうか。

さて、そこで、組織の指示、みなさんご自身の問題意識のいずれでもかまいません。そこでいう「生産性とは」、いったいどのようなことをいうのでしょうか。

＊　　　＊　　　＊

広辞苑（第6版）で「生産性」は、「生産過程に投入された一定の労働力その他の生産要素が生産物の産出に貢献する程度」とされています。みなさんもこれに類する回答、もしくは「ウチの会社の生産性向上の目標（値）は○○」などを思い浮かべたのではないかと思います。ここで1ついえることは、辞書であれ、みなさんの会社の目標であれ、生産性を表すものは1つだけではないということです。

図表1－1では、2010年の新聞紙上で、記事の見出しに生産性を含んでいたものをいくつか紹介しています。これらのヘッドラインにある生産性は、同じものを指しているのでしょうか。また、みなさんそれぞれが思い浮かべた生産性と同種のものが、これらの中に

● 図表1−1　いろいろある「生産性」

- 日本に構造改革提言、OECD、生産性向上促す
- 日銀総裁会見の要旨―金融対策、緩和的環境を維持、新貸出制度、生産性向上を促す
- 米労働生産性、10〜12月6.2％上昇
- 生産性向上実験、外食店など効果、経産局と大商、サイトなどで結果開示
- A社、生産性向上へ専門部署、社長直轄、40代が主体
- B社受配電システム製作所「カイゼン」で生産性向上
- 点字封筒、生産性5倍、製造・印刷工程を統合、C社、低コスト実現
- サムスンに追いつけ（5）生産性10年で6割急伸（企業強さの条件）
- D社、生産性向上へ体制見直し、作業台改良、ネジを共通化

ありますか？

　誤解を恐れずにやや極端な言い方をするならば、「組織によって生産性の定義は異なっておかしくない」のです。図表1−1に挙げた記事のいくつかは、全社や部門単位での「生産性向上活動」の様子が紹介されています。その中で具体的な活動や成果として書かれているのは、多くの場合、何らかの「品質の向上」や「コスト削減」「納期の短縮」を実現したという事例です。これらは生産性向上よりも、業務改善や業務改革という名で取り組まれていることのほうが多いかもしれません。業務改善であれば、これまで生産性という言葉を使った経験がなかったとしても、みなさんの実務として、あるいは問題意識としての接点をおもちのことでしょう。

　一部を除き、図表1−1に掲げたヘッドラインでは生産性とだけしか書かれていませんが、これらはみな、実は"何らか"の生産性

です。経済や産業全般で語られる生産性には一般的に大きく、図表1－2に示すように4種類があります。

投入する生産要素（インプット）と産出された生産物（アウトプット）の種類によって、生産性の前にくる名称が異なっているわけです。また、小売や外食業界を代表に、アルバイトやパート社員を活用する業種や企業では、人時生産性(注)という生産性指標もよく使われています。

逆に「あれ？！　生産性向上って、コスト削減のことではなかったの？」と思った方はいませんか？　前述した記事の事例にも含まれていますし、「生産性向上＝コスト削減」は誤りとはいえません。実際、「生産性向上＝コスト削減（だけ）」として理解されていることが多いのも事実です。ここではまず、「コスト削減は生産性向上

●図表1－2　4つの生産性

●● 生産性

"投入した"もの（各種有形無形の資源）➡ それによって何らか生み出されたもの（数量）
この効率を表すものが"生産性"

〔資本生産性〕	〔労働生産性〕
産出量（生産量や生産額など） / 有形固定資産（機械・設備など）	産出量（生産量や生産額など） / 従業者数や総就業時間
一方が高まるともう一方が低下する関係	
〔全要素生産性〕	〔国民経済生産性〕
産出量（生産量や生産額など） / すべての生産要素	国内総生産（GDP＝付加価値） / 総就業者数
★参考：分析目的によって分母に取り込む要因が異なっている場合があります。	★参考：分子を人口として「生活水準を評価する指標」として活用されることもあります。

(注)　人時生産性：従業員1人が1時間に稼ぐ粗利益・・・「粗利益÷総労働時間（従業員数×労働時間）」

のための1つの手段に過ぎない」ということ、つまり業務改善も生産性向上のための手段であることを確認しておきましょう。

　そしてもう1点、併せて確認しておきたいことがあります。それは、「**生産性の定義が異なれば当然、目標として設定する指標は違うものになる。目標指標が違うのであれば、その達成に向かってとるべき行動も違ってくる**」ということです。

　みなさんは「そんな当たり前のことを……」と思ったのではないでしょうか？　その通りです。以降（第2章以降も含みます）、"当たり前"について、何度か触れていきます。それは、上述のように確認としての位置づけでもありますが、最大の理由は「当たり前のことと、できていることは違う」からです。

② なぜ生産性が取り上げられることが多くなったのか
～"少ない働き手"の活かし方が切実なテーマに～

　生産性が取り上げられる理由について、改めて述べることではないかもしれません。しかし、わたしたちが直面する問題として、これまでの反省も含めて確認したいと思います。

　業種や経営活動の規模を問わず、企業が今の問題として直面している生産性の多くは、2008年9月のリーマン・ショック以降の急激な経営環境の悪化が原因です。しかし実際には、リーマン・ショックは、生産性を問題として取り扱う事態を加速させたに過ぎません。つまり、それ以前から生産性にまつわる問題、課題は存在していました。

　近年、そのターゲットとされることが多いのは、サービス業です。日本の国際的競争力、国としての生産性を議論する際に、製造業と比べてサービス業の低生産性や、その向上／改善レベルが低いことが問題視されてきました。また、比較的景気がよいとされていた時期であっても、製造業も含めた間接部門の生産性向上は常に課題でしたし、これは現在も継続しているテーマです。

　「景気がよかった頃は、生産性は問題にはならなかったのか」。そんなことはありません。戦後の高度成長期を経て、製造業を中心に世界市場への進出を果たし、成功を収めた企業の多くは、好景気の最中にも継続的に生産性の向上に努めてきました。一方で、右肩上がりの経営状況の中で「生産性を問題にしてこなかった」企業もあったことは確かでしょう。

＊　　　＊　　　＊

　現状に至った個別企業や業界の内外の経緯はさまざまであっても、

第1章 生産性向上はなぜ必要か

わたしたちが共通的に直面していることがあります。国内市場の成熟化、内需縮小……そういわれる背景にある少子高齢化です。

一般に「将来を予測することは難しい」といわれます。実際、高度な統計や複雑なシミュレーションを使っても、"当てる"ことは容易でありません。しかし、人口構造（図表１－３）、つまり人口は、高精度で将来を推定することができる数少ない指標の１つです。

さて、図表１－３のグラフの形は10年後、どのようになっているでしょうか？　おわかりですね。縦軸は「5歳刻みの年齢」をとっていますから、基本的には全体をメモリ２つ分を上にずらせばよいわけです。

ここでは詳細な数値には触れませんが、このままでは日本の総人

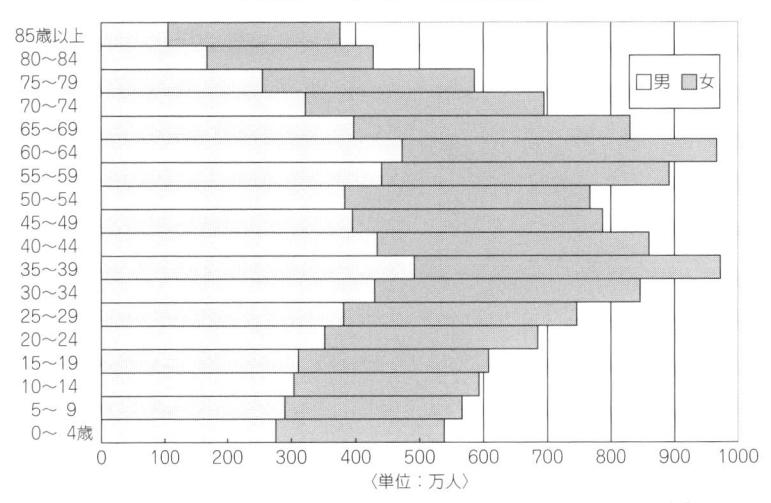

●図表１－３　日本の人口構造

構成比：%

	男	女	男女計
0～14歳	14.0	12.7	13.3
15～64歳	65.9	61.8	63.8
65歳以上	20.1	25.5	22.9
（うち75歳以上）	8.5	13.2	10.9

※総人口：1億2743万人（データ…平成22年2月1日現在：概算値）総務省統計局
http://www.stat.go.jp/data/jinsui/tsuki/index.htm

口は緩やかに減り続けます。当然のことながら、労働人口も減少することになります。「そんなマクロの数字を持ち出さなくても、景気が悪いのでスタッフを削られている（でも仕事は減らない……）」。そうです！　わたしたちは今、経営資源のうち、ヒトに関する厳しい制約を突きつけられているのです。

　ヒトが少ない、ヒトという経営資源が減少していく中で、いかに経営活動を維持・成長させていくか。そのためには生産性を向上させる必要があるのです。これは図表1－3の状況からすれば、本来、より以前から取り組むべき重点テーマであったといえるでしょう。それが急激な景気の悪化という後押しによって、ようやく、ある種の危機感として共有化されているのが現在の状況、すなわち、生産性を目にする機会が増えたことにつながっているのです。

3 それでも生産性が上がらなかった身近な理由
～本来、生産性向上・改善は日常的な業務～

「これまでは長期的な生産性向上の必要性に気づけなかった（切迫感がなかった）」。というよりも、「いろいろな生産性向上や業務改善活動に取り組んできた。そして、それなりに成果も得ることもできた。が……長続きしない」ほうが、多くの企業における実情のようです。

トップダウン、ボトムアップの形式を問わず、生産性向上や業務改善を組織内の公式課題にすることは、活動に勢いをつける、定着化させるためには有効です。しかし、継続的に各種の活動を行いながらもそれが形骸化してしまっている、生産性向上あるいは業務改善などをテーマとして取り組んでも打ち上げ花火状態になってしまう（1回限りでも成功は喜ばしいことですが）……など、みなさんにも心当たりはありませんか？

　　　　　　　　＊　　　＊　　　＊

ここで質問です。みなさんがメンバー（あるいは同僚）であるAさんの仕事の様子を見ていて、「要領が悪いな」と感じたとします。そこで「そういうときは、こういうふうにしてみたら？」と声をかける。するとAさんはアドバイス通りにやってみるようになり、次第にその仕事の要領がよくなった。このような経験はありませんか？　「メンバーのAさん」としましたが、「自分の仕事のやり方」についてでもかまいません。

おそらく多くの方の答えはYESでしょう。要領という曖昧な言葉で表現しましたが、これは何かのやり方、考え方、進め方などが該当したと思います。つまり、Aさんは「仕事のやり方」を変えま

した。この変化は、直近でかつ大きな影響を組織全体に与えるものではないかもしれません。しかし、少なくともＡさんは「自身の業務改善」をしたことになります。

　この例でお伝えしたいことは、生産性向上につながる「業務改善は日常的にできる」ということです。もう少し付け加えると、業務改善などという言葉こそ使っていなくても、たとえばマネジャーであれば本来、日常的に業務改善をしている、あるいは促すことができるはずなのです。

　そして、こうした行為が「目に付いたとき」や「短期的な目標に応じて」だけではなく、中長期的な視点をもった上でなされていれば、「ある日突然、まったく予期せぬ抜本的な改善が必要になる、あるいは要求される」というような事態は相当軽減できる、うまくいけば回避すらできるものなのです。

　ですが残念ながら、現実はそうはなっていません。経営活動や生産性に影響を与える事業環境要因は、たしかにたくさんあります。そしてこれらの多くは、企業やみなさん個人ではコントロールすることができないものです。しかし、みなさんにはここで、組織が改めて生産性向上や業務改善といった活動を進めざるを得なくなってしまう原因は、「自分たちにもあるのではないだろうか」と自問してみていただきたいと思います。

＊　　　＊　　　＊

　日々の業務で「先送りしてしまっている問題」はありませんか？　直近のことだけではなく、中長期的にものごとを考えてみる時間をもっていますか？　自社が向かっている方向や取り巻く環境に対する感度が悪くなっている、などということはないでしょうか？　つまり、先ほどの「Ａさんの業務改善」のような機会を逃してしまってはいませんか？

また、業績が悪い状態にあるときなど、「経営戦略に問題がある」「商品・サービスに魅力がない」「営業力が弱い」「あの部門はコストが高い」など、組織内ながら"自分以外"にその原因を求める（＝他責、第2章－2節：P.36参照）ことはないでしょうか。ここで例示した問題は実際、客観的にも"正しい"場合はあります。つまり、みなさんが「直接関わっている以外のところに問題がある」状態です。

　みなさんから見れば「問題がある」にも関わらず、当事者は気づいていない……。それが放置されてしまえば、みなさんが認識した問題が最悪の事態を引き起こすことさえあります。こうした問題は先の「Aさんの業務改善」のように、「すぐできて、すぐに成果を得られる」というものではありません。しかし、「自分の今の仕事とは、直接は関係ないから何もできない」わけではないのです。

　このような場合であっても、「関係ない」と諦めないのが"能率10訓の実践者"で、主体的に改善、組織としての生産性向上を実現するための活動を"日常的な業務"としています。

　能率10訓の実践者については第2章で説明しますが、この提唱の背景について次節で紹介します。

4 組織として継続的に生産性を向上していくために ～能率10訓～

　事業環境の変化、その変化スピードの加速……こうしたことは"昔"からいわれてきました。今、直面しているとされる大きな転換点、岐路も含めて、わたしたちは「変化すること、加速すること」を、もはや"常態"として捉えるべきなのかもしれません。

　そのような常態において、「生産性向上」という古くて新しい課題にどう取り組むべきなのか。環境が目まぐるしく変化するとはいえ、短期的な成果だけを求めるのではいけない。個別部門や事業にとっての最適の積み上げだけでは、全社としての成長につながるとは限らない。また、一個人の能力を単に高めるだけでは、組織力としての強さにはつながらない。こうしたことを踏まえ、組織としての生産性向上、そこに貢献できる人材のあり方とは……。これを伝えることが本書の目指すところです。そして、そのあり方の基本コンセプトとしているのが、産業能率大学の創立者である上野陽一（1883～1957年）が提唱した「**能率10訓**」です。

　みなさんには、この能率10訓を組織としての生産性向上へのあり方、そこで活躍する人材（＝能率10訓の実践者）の心得として理解していただきたいと思います。

　能率10訓の実践者を一言で表すと「**全体最適を考えた上で部分最適の追求ができる人**」ですが、これは第2章で説明していきます。では、まず、能率10訓を1つずつ見ていきましょう。

第1章 生産性向上はなぜ必要か

●図表１－４　能率10訓

1. ドンナ イトナミヲ スルニモ ソノ 目的ト 目標トヲ アキラカニ シマズ コレヲ 確立セヨ. 目的ト 目標ノ ハッキリ シナイ トコロニ ワ ハゲミガ オコラヌ.

2. ソノ 目的ト 目標ヲ 達スル タメニ モットモ 適合シタ 手段ヲ エランデ コレヲ 実行ニ ウツセ.

3. モシ ソノ 手段ガ 目的ト 目標ニ 適合シテ イナイト アルイワ ムダ アルイワ ムリ ヲ ウム.

4. ヒト・モノ・カネ ヲ ハジメ 時間モ 空間モ コレヲ 十分ニ 活用スル ヨーナ 目的ノ タメニ ツカエ. 活用ガ タダシク ナイト ヤハリ ムダ マタワ ムリヲ ウム.

5. ムダト ムリ トワ ソノ 性質 相反シ ヨノナカニ ムラヲ ツクリダス モトニ ナル.

6. ムラガ ヒドク ナルト 大事ヲ オコス. ツネニ ムダヲ ハブキ ムリヲ ノゾイテ ムラヲ スクナク スルコトニ ツトメヨ. コレヲ オコタルト 社会ワ 不安ニ ナル.

7. 能率トワ ムラヲ ヘラシテ スベテノ ヒト ト モノト カネ トガ イカサレテ イル 状態デ アル.

8. スベテノ モノ（ヒト モノ カネ 時間 空間）ヲ イカス モノワ イカサレ コレヲ コロス モノワ コロサレル.

9. 人生一切ノ イトナミガ コノ 能率ノ 主旨ニ モトヅイテ オコナワレ ナケレバ 社会ワ 安定セズ 人類ワ 幸福ニ ナレナイ.

10. ソノ タメニワ 個人モ 家庭モ 企業 ソノ他ノ 団体モ ソノ イトナミヲ 能率的ニ 運営スルコトガ 必要デ アル.

出典：『能率学原論（改訂版）』上野陽一著／技報堂（昭和30年11月）

> （1）どんな営みをするにもその目的と目標とを明らかにし、まずこれを確立せよ。目的と目標のはっきりしないところには励みが起こらぬ。
>
> 　　　　＊　　　＊　　　＊
>
> 日々行うことや業務など、あらゆる活動においてはその目的と目標がまず先に設定されなければならない。目的と目標が明確でなければ、それらに対する達成意欲および行動、さらにそれらに必要な自身の能力向上のモチベーションは生じることはない。

　みなさんは、「この仕事は何のためにやっているのか……」などと思うことはありませんか？　そのような仕事に対して、前向き・意欲的に取り組むことができるでしょうか。あるいは、みなさん自身が「何のために……？」と思った仕事を、そのままメンバーにやらせてしまっていることはありませんか？　その指示を出すときにみなさんは"説明しきれない何か"を感じたことがあるのではないでしょうか。

　このような状況でも、その仕事は作業として完了することは可能です。また、それを通して得た経験がその後、何かに活かせることもあるかもしれません。しかし反対に、"やらされ感"だけが蓄積してしまい、指示待ち、思考停止に……という事態を招いてしまうこともあります。そうなってしまえば、仕事に対する意欲はもちろん、本来、伸ばすことができるはずであった能力も向上しないままとなる可能性が高いでしょう。

　　　　＊　　　＊　　　＊

　ここで目的と目標の意味を確認しておきます。「目的」とは「成し遂げようと目指す事柄」（広辞苑・第6版）です。それに対して

「目標」は「目的を達成するために設けた、めあて。的」（出典同）。目的は「事柄」であるためにやや抽象的といえますが、それが「実現できたか、できていないのか」「目的に向かってどこまで進んでいるのか」などを具体的に示すことができるものが目標です。

目標は、目的に対して複数存在する場合があります。これは、最終目標に加えて、進捗状況などを把握するための途中の目標（マイルストーン）がある場合です。そしてもう１つは、最終目標自体が複数ある場合です。

「何事にも目的と目標が必要」。このこと自体はおそらく、多くのみなさんにとっては「言われなくてもわかっている」と感じられることでしょう。にも関わらず、上述のような「何のために……？」が発生しているとすれば、それは実態としては「わかっていない」と同じになってしまいます。

「メンバーに説明しようにも、自分も上司から目的や目標の指示をもらっていないから……」。よくあることですが、目的や目標が不明であるならば、それを確認し、その上で、メンバーに説明・指示するのが能率10訓の実践者としての行動です。新入社員や経験の浅い社員ではないので、すべてについて質問して確認することを意味しているわけではありません。

＊　　　＊　　　＊

第３章で詳しく見ていきますが、経営方針や中期経営計画など経営計画書には、経営トップや会社としての意志が豊富に織り込まれているものです。それらと実務との整合性を鑑みた上で、メンバーに具体的な説明をすることがみなさんには求められます。もし、方針や計画から目的や目標を読み取れない場合には、上司やしかるべき部門に対して質問・確認することは不可欠です。これができていなければ、メンバーに説明することは難しいでしょう。そのような

仕事は、メンバーに限らず、みなさん自身にとっても、意欲をもって取り組む対象とはなりにくいはずです。

　その意味からも、方針や計画との整合がとれない、現場が直面する実態と乖離がある場合には、それらの修正や方向転換に関する交渉もみなさんの仕事です。交渉と述べましたが、こうしたコミュニケーションが必要であることを組織全体に働きかけ、それが組織全体で"当たり前"になるための取り組みもまた、みなさんの仕事なのです。

> (2) その目的と目標を達するために、もっとも適合した手段を選んでこれを実行に移せ。
>
> 　　　＊　　　＊　　　＊
>
> 目的と目標を達成するための手段は1つではない。あらゆる可能性を熟慮し、それらの中から最適なものを選択し、実際に行動を起こさなければならない。

　設定された目的や目標の達成に対して、今までの業務経験などから即座に具体的行動のイメージが湧く方もいるでしょう。しかし、ここで一度自問していただきたいと思います。「それは本当に最適といえるのかどうか」と。

　経営や業務活動でもそうですが、スポーツでもかまいません。それが何であれ、何らかの目的を目指す場合、その達成方法は1つとは限らないものです。対象によっては相当数の方法、選択肢が存在する場合もあるでしょう。さらに、最適を目指すためには「1つだけ選択すればよい」とも限りません。重要なのは、「代替案を複数考えた上で、選択する」ことです。

　これは、「最初に浮かんだイメージではダメ」といっているわけではありません。それも含めて、最適を模索するために複数の方法を考える。そして、最後の選択はみなさん自身が行い、実行に移します。これは当然「決めたら後はやらせるだけ」ではありません。「実行に移す」は、みなさん自身も同じです。そして、メンバーの実行を牽引、サポートしていくことがみなさんの役割です。

> **(3) もしその手段が目的と目標に適合していないと、あるいはムダあるいはムリを生む。**
>
> 　　　　　＊　　　＊　　　＊
>
> 手段の選択を誤れば、その手段に対する努力は意味がなくムダとなってしまう。そうしたムダは組織や人に本来必要のないこと、身の丈以上のことを要求しているのと同じであり、つまり、ムリを強いることになる。

　目的と手段、それとムダ・ムリ・ムラの関係をあらわしたものが図表1－5です。この図表1－5は、以降でムダ・ムリ・ムラが出てきたときには、常に思い出してみてください。

　会議を例に考えてみましょう。ある意思決定をすることが目的の会議です。その場にその意思決定に関係のない部門の人も招集されれば、その人たちはムダということになります。反対に、関係のある人が出席していなければ、その意思決定をすることはムリですね。みなさんが参画する会議には、このようなムラが見られることはありませんか？　そして、ムダとムリが同時に発生してしまうこともあります。本来はその意思決定と無縁（ムダ）である人が、予定を変えて会議に出席（ムリ）するといった場合です。

　また、こんな経験はないでしょうか？　「"これっ！"と思ってやってみたら、それなりに目標が達成できた」。この場合、「これっ！」が、たまたま大正解であったということもありえます。しかし、望ましくないのは、実は最適な手段ではなかったにも関わらず、メンバーのガンバリによって「結果オーライ」となってしまっているような場合です。

　さらに「ちょっと目標には足らなかったけれど、そこそこいった

な」などという場合は、最悪かもしれません。本来は最適ではない手段を採ったにも関わらず、成果が多少なりとも出たおかげで、自身の選択ミスはわからないままとなってしまう。下手をすれば、それが成功体験にもなってしまう。結果として、メンバーにとってのムダとムリだけが残ってしまうのです。

　こうした不幸を生まないために、手段の選択は慎重に行ってください。そのために、ここであえて繰り返しておきますが、「目的と目標をしっかり押さえてあることが大前提」であることを確認しておきましょう。

●図表1－5　ムダ・ムリ・ムラの関係

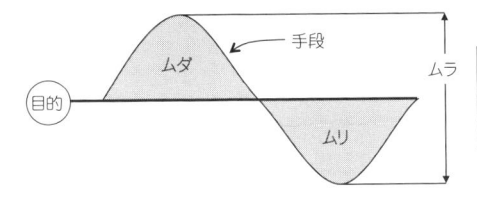

```
「目的」＝「手段」…最適（能率）
「目的」＜「手段」…ムダ  ┐
「目的」＞「手段」…ムリ  ┘ムラ…不能率
```

> **(4) ヒト・モノ・カネをはじめ時間も空間もこれを十分に活用するような目的のために使え。活用が正しくないとやはりムダまたはムリを生む。**
>
> ＊　　　＊　　　＊
>
> ヒト・モノ・カネに加えて、投入することができる時間、業務を行う物理的なスペースなど、保有する経営資源は、それらを活かすことができる目的に配分（活用）する。目的を超えた経営資源の配分はムダであり、経営資源に不足があるのであればムリを生むことになる。

「経営資源を十分に使う（使いたい）」ということは、多くのみなさんの共通認識でしょう。この第4訓では、「ヒト・モノ・カネ、時間、空間」を提示していますが、本書では以降、これに「情報」（固有のノウハウとしての「業務のやり方」など）を加えたものを経営資源とします[注]。

目的と手段の関係において、経営資源は手段を実行するために必要となるものです。目的と手段が合致していない場合にムダやムリを生むことは、これまでも述べてきました。第4訓において1つ注意しておきたいのは、「目的のために使え」であるということです。

[注] 上野陽一は、能率を「最小限度の資本・物質・知識（技術や管理）・労働を費やして生産をいとなみ、これによりなるべく大きな富をつくること」として、以下のように定義（公式化）しています。

$$産業能率 = \frac{生産された富}{生産に費やされた金・物・智・力}$$

この定義では、智にヒトが含まれていることになります。「ヒト・モノ・カネ」として表記する場合、ヒトは智（情報）を含んでいますが、それを明確にするために、本文中に「情報」を加えています。

「目的と目標」ではありません。ここに、能率10訓の実践者に期待する「短期と中長期」の視点があります。常に意識すべきは目的であって、目標ではないということです（目的と目標が完全に一対かつ目標が1つしか設定できない場合を除きます）。

そこで、目的に対して経営資源が十分に活用できず、ムダやムリが発生する場合には、どうすればよいのでしょうか。いずれの場合もまず、手段の変更を検討しなければなりません。その上で、ムダがある場合には、「なくすべきムダ」か、再配分などによって「活用すべきムダ」かを見極めます。前者は、なくす・減らすことを考え、後者については、新たな目的の設定、もしくは目的を付加することによって、経営資源の再配分を考えます。ムリがある場合には、目的の達成時期を再検討することが必要です。

＊　　＊　　＊

ここで併せて確認しておきたいことは、目的設定の妥当性です。目的、それに伴う目標が低い場合、そこに追加的に経営資源を投入することは、今の時勢では考えにくいことです。しかしながら、過去の経緯から過剰、つまりムダとなっているケースは散見されます。このムダは、コストとして跳ね返ってくるだけではありません。経営資源の中でも最重要といえるヒトのやる気を失わせる上、本来であれば向上できる能力を下げてしまう場合もあります。

反対に、目的および目標があまりにも現実とかけ離れている場合にはムリそのものです。目的や目標の設定は経営の自由ではありますが、ヒトのモチベーションは下がってしまいます。さらには、経営者やマネジャーとの信頼関係を損なうことにもなりかねません。

目的の達成に短期および中長期的に必要となる経営資源の客観的把握とともに、それに応じた目標の設定は組織活動において大変重要な意味をもつものであることを、再確認しておきましょう。

> (5) ムダとムリとはその性質相反し、世の中にムラを作り出
>   すもとになる。
>
> 　　　　　＊　　　＊　　　＊
>
> 目的に対する手段の過不足（ムダ、ムリ）が、ムラを作り出す。手段の過不足は、手段を実現する経営資源の質的・量的な過不足によっても発生し、組織内にムラを生み出すもととなる。

　この内容はまず、製品など形あるもので考えてみましょう。製品の生産は厳密に管理され、良品とされる合格基準は高いわけですが、それでも「100％まったく同じもの」ということは、本来は物理的、科学的、統計的にもありえないことです。つまり、極めて狭い範囲ながら、ムラは必ず存在するものなのです。ただし、このムラが大き過ぎれば、お客さま（世の中）に迷惑をかけることにもなりかねません。したがって、基本的にムラは抑制すべきものです。

　業務を対象に考えてみましょう。同じ仕事を担当していても、仕事が「早い人、遅い人」「うまくできる人、できない人」などがいるでしょう。これらもまた、ムラに該当します。ただ、たとえば新人から何十年もの経験者が混在している場合など、業務経験の長短からこうしたムラが生じることはよくあることです。このようなムラは、相対的には「許容できるムラ」とすることができます。さらに場合によっては「必要なムラ」にもなります。

　それに対して、もし、「ウチは新人の採用や若手の育成などはしない」という企業であれば、「許容できないムラ」扱いとなります。しかし、多くの日本企業では、新卒を採用し、時間をかけて一人前に……、という道をたどっています。中途採用の社員に対しても、手厚いトレーニング体制を整えている企業も少なくありません。言

い換えれば、「新人にはできなくても当たり前の仕事がある」ということです。そこで発生するムラに関しては、上述の通り、「許容できる／必要なムラ」と認定することもできるわけです。

ムラが短期的には「許容できるもの／許容できないもの」のいずれであるのかという判断、そして中長期的には組織としてのムラをなくしていくために、能率10訓の実践者は大きな役割を担います。

一方、個人の「好き／嫌い」といった嗜好の違いや、同じ組織で同じ職務でも、たとえば担当する市場特性の差などといった事情からも、やはりムラは生じます。こちらはいうなれば「許容できないムラ」です。個別の指導や役割分担の調整など、修正を早々に試みる必要があるムラです。

これもまた、放置してはいけません。「許容できないムラ」は、組織内（世の中）のメンバーにもともとあるムラだけでなく、意欲やその後のレベルアップにもムラとして現れてきてしまうことになるのです。このことが次の第6訓に続きます。

> （6）ムラがひどくなると大事を起こす。常にムダを省きムリ
> を除いてムラを少なくすることに努めよ。これを怠ると
> 社会は不安になる。
>
> 　　　　　　　＊　　　＊　　　＊
>
> ムラがひどくなっている状態は、大きな問題を引き起こす原因が蔓延し、それを現実のものとする。起こってからではなく、常にムダ・ムリをさせない、ムラを放置しない対応をしなければならない。これをおざなりにすれば、1つの組織内に留まらず、そこに所属する人たちの家庭生活、お客さまや市場に対しても悪い影響を及ぼす。

　組織内には必ず存在するムラ。ムダやムリの状況にあったと思われる人が働く意欲を失って体調を崩したり、生活に不調を生じたりというようなことは、一企業としての問題ではなく、社会問題にもなっています。

　仮にそのムラが「許容できるムラ」であったとしても、たとえば新人や若手の経験やスキル不足を放置したままでは、伸ばせるはずの能力にもムラが生じてしまいます。ましてや「許容できないムラ」に対して何もしなければ、業務に支障をきたし、お客さまの不満足は増え、業績は悪化していくことになるでしょう。企業の不祥事などの事例を思い浮かべた場合、ムダ・ムリ・ムラに起因しているものが多いことに気づかれることでしょう。

　「ムダを省く」ということは、過剰なコストや時間、不良品などが対象ならば、少なくする、なくすことです。そうすることによって、まずはムラを少なく、小さくすることを目指します。

　そのためには、業務やヒトの中にあるムダ・ムリを知り、ムラの

状態を常に把握することが必要です。こうした一連の活動がみなさんの役割であり、特別な改善活動ではない、日々のマネジメント活動そのものなのです。

> (7) 能率とはムラを減らしてすべてのヒトとモノとカネとが
>   生かされている状態である。
>   ＊   ＊   ＊
> 能率とは、ムラを最低限とする努力を常に継続し、経営資源が
> 最適な生産性を発揮している状態である。

　このことは、本書が目指す生産性の基本です。そして、能率10訓の実践者が目指す状態でもあります。

　そもそも能率の「能」は、人の能力や機械の性能など「そのものの固有するもちまえ」という意味で、「率」は、「程度」をあらわすものです。したがって、能率は「もちまえが実現されている程度」ということになります。図表1－5（P.19）にあるように、ムラがない状態は「目的＝手段……最適（能率）」となっていることです。能率はつまり、「最適な状態にあること」を意味しているわけです。

　そして、この最適な状態にまず導き、さらにその向上を図る活動もまた能率（能うる・率いる）であり、実践者が果たすべき役割なのです。

　「能うる」は、「できるようにする」「できるようになる」ということです。1つは、みなさん自身が実践者として「できるようになる（成長する）」という意味。そしてもう1つは、他者を「できるようにする（成長させる）」という意味があります。目的や目標を達成するためには、みなさんやともにそれを目指すメンバーの成長が不可欠です。もっといえば、経営資源の中でその時点でのもちまえを想定以上に向上できる可能性があるのは、ヒトだけなのかもしれません。モノやカネは、常に仕様や経営上の制約があるためです。

　そしてその上で、実践者はメンバーを率いて目的・目標の達成を

目指します。その役割をもっている、ということです。「メンバーをできるようにしながら率いて目的・目標を達成する」という意味でもある能率。これは、リーダーシップを含むマネジメントそのものとも呼ぶこともできるでしょう。

> **(8) すべてのもの(ヒト　モノ　カネ　時間　空間)を生かすものは生かされ、これを殺すものは殺される**(注)。
>
> 　　　　　　＊　　　＊　　　＊
>
> 能率の実現を志向・努力する組織は発展し、マネジャーは成長することができる。しかし、それらを怠る・軽視すれば、組織は停滞し、マネジャーは信頼を失い、やがては淘汰されることになる。

「組織全体として殺して／殺されてしまっている」状態に陥っていると気づいたときには、すでに"危篤"、"ほぼ死亡時"となっていることは、思いのほか少なくありません。「大トラブルが起こってはじめて危機感が共有できた」「今朝、自宅で、自社の倒産をニュースで知った」など、みなさんもどこかで聞いたことがあるのではないでしょうか。

このように、発覚するのは「ある日突然」ということがあるものの、本来、組織の病というのは、基本的には進行に時間を要するものです。また、大きな原因がたった1つというようなケースは稀です。むしろ小さな原因、それだけでは大病にはならないようなものが、蓄積され、拡大し、手遅れとなってしまうのです。

経営資源を最大限に活用し、生産性向上に日々努める。能率10訓の実践者は、生産性向上に貢献すると同時に、突然死を回避するための手段をもち、そのための活動をしているということにもなります。

(注)この第8訓は言い換えると、「生かすも殺すも人(もの)次第」ということです。さらにもう一歩進めると、「生かすことができていない人(もの)に問題がある」。だからこそ、「人が最大の経営資源」とされるのでしょう。

> **（9）人生一切の営みがこの能率の主旨に基づいて行われなければ、社会は安定せず人類は幸福になれない。**
>
> 　　　　＊　　　　＊　　　　＊
>
> ここまで述べてきた主旨を鑑みてすべての活動が行われなければ、組織は成長することはできず、従業員が充実感をもって仕事に臨むことは期待できない。そしてそのような状態は、社会全体の成長、人々の幸福にも貢献することはできない。

「企業は社会の公器である」といわれます。一企業として成長・存続するためには、売上や利益を獲得することが必要です。これは、社会全体から見たときには、部分最適に該当します。「公器である」といわれるのは、そうした部分最適だけではなく、社会に貢献するという全体最適もまた、求められているということです。

本書ではまず、読者であるみなさんに能率10訓の実践者になっていただくことを提唱しています。しかし、会社の業務は1人だけで担っているものではありません。その意味で、みなさんだけに負荷、つまりムリを求めているわけではありません。組織の業務を能率の主旨に基づいて進め、生産性向上を実現するためには、能率の考え方を普及させて、能率10訓を実践できるメンバーを組織の中で育成していくことが必要になります。

みなさんが実践者として活躍していくことは、「企業は社会の公器である」をまさに実現することになります。コンプライアンス（法令順守）、CSR（corporate social responsibility：企業の社会的責任）、サステナビリティ（ここでは「持続可能な社会の実現」として理解してください）などに貢献することでもあるという、今日的テーマでもあるのです。

> （10）そのためには個人も家庭も企業その他の団体も、その営みを能率的に運営することが必要である。
>
> ＊　　　＊　　　＊
>
> 社会全体の安定および成長、人々の幸福を実現するためには、個人や形態を問わずあらゆる組織が、目的と手段の合致を志向した活動をすることが必要である。

　このことを企業活動に置き換えると、次のようになります。「経営層のみならず、従業員が企業活動や業務の目的・意味を正しく理解し、一体となって行動していくことによって、企業は目的・目標を達成し、企業価値を高めていくことができる」。

　ここで示しているのは、「組織としての一貫性の必要性」です。このことをここで確認しておきたいと思います。

　ここまで能率10訓を「心得」として紹介してきました。組織としての一貫性を保つ上で、もちろん能率10訓の実践者として活躍して欲しいことはたくさんあります。しかし、第9訓でも述べたように、みなさんだけが「がんばらなければいけない」ということは意図していません。

　組織全体として生産性を向上させる、その実現を支える人たちが実践者として活躍する。本書では、その中でも核（コア）となるマネジャーの方々を主体として話を進めています。しかし、実践者が価値を生み出すためには、組織としての一貫した姿勢・体制が不可欠なのです。したがって、経営トップ層や組織の各種制度設計と運用を担う部門の役割（むしろ責任）は、極めて重要となります。この3者が「自責」（第2章-2節：P.36）で考え、実行することが求められています。

第2章

生産性向上と能率10訓の実践

1 仕事をする目的
～その目的は、なぜ人によって異なるのか～

「仕事をする目的は何ですか？」。

こんな質問をされたら、みなさんはどのように答えるでしょうか。

これは、第1章で解説した能率10訓の第1訓（P.14）で「この仕事は何のためにやっているのか……」と「仕事の目的」について触れましたが、それとは異なります。みなさん自身、個人としての「仕事をする目的」についてお尋ねしています。

「生活するためのお金を得る」という答えが多いかもしれません。それも1つでしょう。しかし、本当にそれだけでしょうか。自身のこれまでの社会人生活を省みて、あるいはメンバー、上司の様子などを想定して、改めて考えてみてください。

- 一人前の社会人になる
- 安定した生活をする
- 支店で営業成績を上げる
- お金を貯める
- 転職するためのスキルを高める
- 日々の生活を充実させる
- 上司にほめてもらう
- お客さまに喜んでいただく
- 将来、社長になる

などなど、人によってその目的は違うでしょう。また、たくさん目的をもっている人もいれば、「目的は1つ！」という人もいます。人によって目的はさまざまです。それは当然のことと、誰もが賛同しそうです。では、なぜ、人によって仕事に対する目的は違うので

しょうか。

　　　　　　＊　　　＊　　　＊

　それは、人それぞれがもつ"想い"が違うからです。つまり、どのような"想い"をもっているか、あるいは"想い"の状態であるかによって、仕事を行う目的は違ってくるのです。

　また、同じ人でも、時間の経過が"想い"を変えることがあります。新入社員と入社20年ほどの人をイメージしてみましょう。

　新入社員の頃は、社会人としても、会社の一員としても未熟です。この時期、たとえば「周りのメンバーに迷惑をかけたくない」という"想い"から、仕事をする目的は「一人前の社会人になる」ことかもしれません。

　これが入社20年経ったとしたら、どう変わってきているでしょうか。管理職になっている方もいるでしょう。管理職の方であれば、「管理職としての役割を果たしたい」という"想い"から、仕事をする目的は「部門売上予算を達成する」ことかもしれません。また、研究職として自身の分野を確立し、「次世代技術で最先端を走りたい」という"想い"から、仕事をする目的は「市場から評価を得られる技術の活かし方を知る」ことかもしれません。

　さらに"想い"は、自身が置かれている環境によっても変わってきます。景気のよいときと悪いときを例にとってみましょう。

　景気が良好な場合、自社の業績もよくなり、「さらによい会社にしたい」という"想い"から、採用に携わる方にとって仕事の目的は「教育費をかけて社員の質を高める」へと変わる、あるいは生産関連の方であれば「新規投資を増やし製造効率を高め原価を下げる」ということになるかもしれません。

　反対に景気が悪い場合、自社の業績悪化から「この会社には将来がない」という"想い"に陥り、仕事をする目的そのものを見つけ

られなくなることもあるかもしれません。逆に、「自分がこの会社を立て直す」という"想い"をもてた場合には、仕事をする目的は「会社を再生させる」ことかもしれません。

　このように、同じ人であっても、時間の経過やその置かれた環境が変化すれば、仕事に対する"想い"は変わっていきます。

　ここでもう1つ理解しておいて欲しいことがあります。それは、このように変わっていく"想い"は、「みなさん自身の内に留まらない」ということです。みなさんの**"想い"は、上司やメンバーに対して影響を与え、結果としてそれぞれの仕事をする目的をも変えてしまうこともある**のです。

2 "想い"と仕事
～"想い"が仕事のやり方を変える～

「人によって仕事に対する"想い"は違う」。この事実が仕事をする目的を時に変え、目的を決めています。

組織としての目的、目標を達成するためには、個人の仕事の目的を変えてもらうべき時があります。「仕事をする目的を変えるためにはどうすればよいか」。そうです。本来は違って当たり前の"想い"を変えればよいのです。

一般論として、「最近のワカモノはちょっとしたことをきっかけに会社を辞めてしまう」というようなことがよくあるといわれます。そうしたワカモノ（だけに限らないような気がしますが）の気持ちをちょっと想像してみましょう。

このワカモノをAさんとします。Aさんは、お客さまからたいへん厳しいクレームを受けてしまいました。まだ経験が浅く、しかも初めて受けたクレームの原因が自分自身にあり、大トラブルに……というような状況です。

このような場合、Aさんはどのような"想い"になっているのでしょうか。「逃げ出したい」「会社を辞めたい」……。そのような"想い"は上司の立場としては受け入れがたいものの、みなさんにも理解できるのではないでしょうか。このような"想い"ばかりが非常に強く、そのSOSを自ら発信することもできず、さらには誰からも援助を受けられないような状態。こうなればAさんは、仕事をする目的を見いだすことができず、その"想い"のまま、会社を辞めてしまうでしょう。

一方で、一旦は「辞めたい」という"想い"がよぎったとしても、

「何が悪かったのだろう。ちゃんと考えてみて、自分の悪かったところを改善しよう！」という"想い"になれば、あるいはそうした"想い"に変えることができれば、会社を辞めることにはならないでしょう。むしろ、この失敗をよい経験として成長することすらできるかもしれません。

　このように"想い"は、仕事に対する取り組み方も変えてしまうのです。

＊　　　＊　　　＊

　別の例で考えてみましょう。何か問題が発生した場合、その問題が発生した原因を「自らに過ちがあるのではないかと考える人＝自責にする人」と、「自ら以外に原因があるのではないかと考える人＝他責にする人」の2種類のタイプの人がいます。みなさんはどちらでしょうか？

　ここでは、「他責にする人」をBさん、「自責にする人」をCさんとします。そして、このBさん、Cさんは同じ会社の営業マネジャーであり、2人の課はともに今年度の目標を達成することができなかったとします。

　営業部の会議で、上司から「なぜ今年度の目標が達成できなかったのか。来年度はどうするのか」と詰められたBさんとCさん。2人はどのように答えるでしょうか。

■Bさん（＝他責）の答え

　今は景気が悪過ぎます。その割にはコンペが多くて、やたら手間ばかりかかります。ウチの今期の重点商品は競合のそれと比べて魅力に乏しい。コンペで勝てません。営業支援部隊も予算カットで必要な支援をしてくれない。来年度は、顧客が望む新商品の開発費用投入と、販促費用の増加をお願いします。

■Cさん（＝自責）の答え

　見込み顧客や市場に対する重点商品のアピールが十分ではなかったと認識しています。最終的にウチに決めてくださったお客さまにヒアリングしたところ、商品の価値を我々が思った以上に認めてくださっていたことがわかりました。こうした情報を現在、収集・分析中です。この内容を営業支援部にフィードバックして、来期に向けた販促ツールのリニューアル、共同販促策を打ち出すことを考えています。

　「ウチではBさんの回答では逃げ切れない」という方がほとんどであろうかと思いますが……"景気"を盾に取られると、そこで閉口、あるいは思考停止となってしまう経営幹部やマネジャーなどの実務家は少なくありません。そしてBさんはおそらく、今期の活動を特に変えることなく、来期も仕事を進めていくことになるのでしょう。

　BさんとCさん。どちらが組織としての生産性向上に貢献できそうですか。Cさんが「口だけではない」ということを都合よく前提としますが、Cさんのような仕事の取り組み方は、生産性向上には不可欠です。まずは"想い"から始まり、それが仕事のやり方へとつながっていくのです。

　「人によって"想い"はさまざまなので、会社や組織としては何もすることができないのではないか」、と思われるかもしれませんが、そんなことはありません。"想い"を「まったく同じにする」ことはできません（必要ありません）が、"想い"に「同じ部分をもつ」ことはできます。これが多くの企業において"価値観の共有化"、その基盤として"○○（会社名）ウエイ"の浸透が図られている理由です。

企業、組織は、自社の価値観を社員に浸透、共有化させなければなりません。つまり会社、組織の価値観が共有された上であれば、個々人の"想い"が違っていたとしても、最終到達点は同じになるということです（図表2－1）。

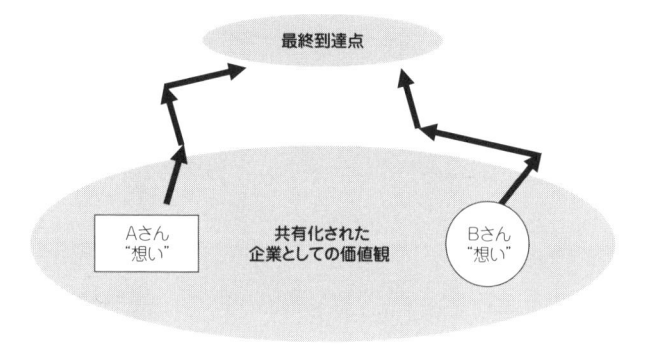

●図表2－1　価値観が共有できていれば、"想い"の違いは問題ない

```
                    最終到達点
         ↗ ↘              ↗ ↖
        ↑   ↘            ↙   ↑
   ┌─────┐   共有化された   ┌─────┐
   │Aさん│  企業としての価値観 │Bさん│
   │"想い"│                  │"想い"│
   └─────┘                  └─────┘
```

　「価値観の共有化」。これを経営活動の根幹として設定している企業は上述の通り少なくありません。まだ「目指している途中」のところもありますが、実現している、さらにそれを強化している企業も世の中には存在しています。

　企業がもつ価値観は、そこにいる社員の行動だけではなく、企業風土やお客さまの顧客満足度といった外部のステークホルダーにも影響します。最悪の場合には、会社を消滅させてしまうことすらあるのです。価値観が共有できている状態とは、ある状況に直面した場合、具体的な打ち手や行動内容はさまざまであったとしても、その際に設定する優先順位の考え方が同じであるということを意味しています。

　「会社の進むべき社会的に適切な価値観を形成し、それを社員に提示し、共有してもらう」ことは、経営者はじめマネジャーの重要

な役割です。さて、みなさんは自社の価値観を理解できているでしょうか？　理解したその価値観を組織内で共有することができていますか？　価値観を共有することができていれば、マネジャーがメンバーに対して詳細な指示をしなくても、メンバー自身が「今、何をするべきか」を自ら考えて仕事をすることができるようになっていきます。

　つまり、「会社としての全体最適を考えた上で部分最適の追求ができる社員＝能率10訓の実践者」になることができるのです。

3 生産性を高める5つのパターン
～生産性向上のための視点を理解する～

　ここで改めて、「生産性を向上する」ことを考えていきたいと思います。生産性にもいろいろあるということは、第1章で紹介しました。これから以降、生産性については、以下のように考えていきます。

$$生産性 = \frac{アウトプット}{インプット}$$

　インプットは、会社、企業活動で考えると、ヒト・モノ・カネ・時間・空間・情報などのいわゆる経営資源です。そしてアウトプットは、売上や利益、社会貢献度などが該当します。
　では、生産性を高めるには、どのような方法があるのでしょうか。その方法は、いくつかのパターンに分けることができます。
　みなさんの所属する企業、業界や仕事内容によっても生産性を高める方法は変わってくると思いますが、本書では生産性を高めるパ

●図表2-2　生産性を高める5つのパターン

パターン	1	2	3	4	5
アウトプット	→	↓	↑	↑	↑
インプット	↓	↓	↑	→	↓

ターンを大きく5つに分けて捉えています。

＜パターン1＞
　パターン1は、企業であれば「売上を伸ばすための打ち手がなく、費用削減」によって生産性を上げる方法です。不景気になると、この方法を採って生産性を高めている会社が多く見られます。個人であれば、「今の仕事の質を維持しながら、やり方を変えるなど工夫して残業時間を減らす」といった方法などはこれに当たります。

＜パターン2＞
　パターン2は、企業であれば「リストラクチャリング（事業再構築）をするときに使う」方法です。長期的な再生のために、短期的には事業規模の大幅な縮小なども辞さない……「儲かっている路線は残し、大量に社員を削減する」。2010年1月に会社更生法の適用を受けた日本航空のケースは、このパターンに当てはまります。売上は減りますが、費用を大幅に削減することができます。個人であれば「顧客ごとにカスタマイズした付加価値の高いサービスから、標準化したサービスの提供に変える」などが考えられます。

＜パターン3＞
　パターン3は、企業であれば「既存製品に機能などを付加することによって、販売単価を上げる」方法などです。新製品開発ほどの投資は行わないものの、既存資産に一手間かけることによって製品の付加価値を高めます。個人であれば「顧客にかける時間を今まで以上にかけ信頼を得て、その信頼を得た顧客への販売数を大幅に増やす」方法などです。

＜パターン4＞
　パターン4は、企業であれば「工場のレイアウトを変えることで製造効率を上げる」方法などです。また、ファストフード店のトレイに"紙"がよく敷いてありますね。最近は環境対応や景気もあって、以前とはだいぶ異なりますが、あの"紙"には、そのファストフード店以外の広告が掲載されている場合があります。もともと"紙を敷く"という現場のオペレーションも、その紙を印刷するという仕事もあったわけで、ここは変わりません。しかし広告スペースとして使うことによって、広告収入が相当増えた時期もあったようです。個人（向け）であれば「総労働時間は変えずに、フレックスタイム制などを採り入れることで、各自が担当するお客さまに合わせて時間を有効に使う」方法などです。

＜パターン5＞
　パターン5は、企業であれば最近多く見られるものとして「直販店をインターネット販売に変える」方法などです。それまで対面方式を重視／得意としていた保険を含む金融機関、旅行代理店などでも、チャネルとしてのインターネット活用が盛んです。これは、「インターネットを利用するお客さまが増えたから」という事情もありますが、コスト軽減を目論んでいるケースも少なくありません。個人であれば「専門スキルをマスターすることで、今までかけていた時間をかけなくても顧客の満足度も高めることができる」といった場合です。

　　　　　　　　　＊　　　＊　　　＊

　この5パターンは、生産性向上の手段である業務改善の視点だけに留まらず、ビジネスモデルそのものを変えるための視点としても活用することができます。また、組み合わせて活用することも可能

です。いずれを選択するにしても、その結果から、みなさんの会社が「組織としてどのような方向に進もうとしているのか」を理解することもできるでしょう。優良企業や名経営者と評されている人たちは、この５つのパターンを巧みに選択、組み合わせて、生産性を向上させているのです。

　みなさんには、「自社はどのように生産性を高めようとしているのか」を理解した上で、メンバーの生産性を高め、会社の目的・目標を達成することが求められている、ということになります。

4 生産性向上に向けての注意点
〜意識しなければ生産性は高まらない〜

　前節で「生産性を高める5つのパターン」を見てきました。これら5つのパターンは、「最初に"これ"と決めた後はそれ一筋で邁進する」というものではありません。事業環境や社内の現実的な状況などから、試行錯誤あるいは変更していくものだと理解しておいてください。言い換えると、「短期的に生産性を高める」ことを志向する場合もあれば、「長期的に生産性を高めていく」ことを狙う場合もあるということです。

　この短期的／長期的という視点から、5つのパターンを時間軸から2つのグループに分けることができます（図表2－3のAとB）。

●図表2－3　生産性向上の2つのグループ

	Aグループ		Bグループ		
パターン	1	2	3	4	5
アウトプット	→	↓	↑	↑	↑
インプット	↓	↓	↑	→	↓

　1つは、相対的に、短期的に生産性向上を志向するもの（Aグループ）。もう1つは、長期的な生産性向上を志向するもの（Bグループ）です。

> **＜質問１＞Ａグループとｂグループでは、どちらが生産性を高めやすいですか？**

　このような質問を投げかけると、筆者の経験では「Ａグループ」と答える方々が圧倒的に多くなります。そしてその理由を尋ねると、「Ｂグループはアウトプットを高めなくてはならないので、不確実性要素が多過ぎるから」「時間がかかりそうなので生産性を高めるのは難しそう」といった答えが返ってきます。

　生産性を高める方法が具体的にイメージすることができれば、早々に着手、取り組むことができます。反対に、イメージを具体化することができない場合、行動に移すまでに時間がかかってしまう、あるいは先送りされ、結果として着手されないことが増えていきがちです。

> **＜質問２＞ＡグループとＢグループで理想的なのはどちらですか？**

　今度は「Ｂグループ！」と答える方々が圧倒的に多くなります。ただ、ここでも「結果は出にくいだろうから、Ａグループを取らざるを得ない……」。やはり質問１と同じになり、短期的にアウトプット、成果を企業は求めがちになってしまうということなのでしょう。

　Ｂグループの生産性を高めるためには、長時間を要することが多くなりますが、時間をかけただけの成果が将来、確実に出るとは限りません。しかし、長期的に生産性を高める活動を避けてしまうと、腰を据えたチャレンジがなくなり、守りに徹した活動だけを行うことになってしまいます。不景気になると心理的不安が影響して、長期的視点ではなく、短期的視点で生産性を高めることを考えがちです。ですが、不景気時にこそ、投資できる資金がある、または資金を調達できるのであれば、Ｂグループの方法で生産性を高める方法を考えなければ、企業の成長は望めないのです。

5 生産性向上に貢献する人の要件とは

（1）みなさんは能率10訓を実践できますか

　ここからみなさんに、いくつか質問をしていきます。これらの回答を考えながら、生産性向上に貢献する「能率10訓の実践者」とはどのような人なのかについて理解していただきたいと思います。

＜質問1＞仕事に活かせる「自慢できるスキル」はありますか？

　たとえば、「プレゼンテーションスキル」「お客さまの心をつかむ方法」「ストレスをためない方法」などたくさん挙げてみてください。

Memo：

＜質問2＞「自慢できるスキル」をいつ習得しましたか？

　「会社から習得を指示されたとき」「仕事で必要になったとき」また、「将来必要になると自身で予測した仕事以外のとき」など、スキルによってさまざまだと思います。それぞれのスキルについて習得した時期（きっかけ）を書いてください。

Memo：

どのような結果になりましたか？ おそらく、「会社から指示されたとき」「仕事で必要になったとき」が多いのではないでしょうか。能率10訓を実践している人は、「自発的に将来を予測してスキルを習得」することを常態として捉えることができます。

> <質問3>みなさんは日頃、自分の会社は「どのようにあって欲しい」と思っていますか？

思うところを、素直な気持ちで書いてみてください。

Memo：

質問3の回答として、日頃から自分の会社について興味がある方は、何らかの考えをもっていると思います。反対に、あまり会社のことを考えていない方は、「回答ができない……」。つまり、まったく考えやアイデアをもっていないのではないかと思います。

自分の考えがある方の場合、質問2の答えはどうでしたでしょうか？「こんな会社であって欲しい！」ということを日頃から考えている人であれば、その時点では仕事に直接的に必要ない段階から、自社や競合企業の状況を絶えず把握し、「経営分析スキル」を習得しているかもしれません。

自社のあるべき姿を考え、その価値観を理解している方は、将来必要となるスキルを早い段階で習得していると思います。

さてここで、改めて以下に能率10訓の実践者の定義をします。

> 自社に興味をもち、自社の状況を把握(注)し、「何を行う必要があるのか」を考え、そのために必要となる新たな知識を吸収し、すでに保有している知識と結合・創造し、生産性を高める行動に移せる人。

　一言でいうと「**全体最適を考えた上で部分最適の追求ができる人**」になります。

　みなさんの周りに能率10訓を実践できている方はいますか？　あまりいないのではないでしょうか。みなさん自身はどうでしょう。「自分は実践できている」と自信をもっていえるでしょうか。

　ここでYESと明言できなかったとしても、心配する必要はありません。以降に、実践できる人が育たない理由と育てる方法を紹介していきます。

(2) 実践できる人の条件

　先ほどの定義を下記のように6つに分けてみました。
・自社に興味をもち、
・自社の状況を把握し、
・「何を行う必要があるのか」を考え、
・そのために必要となる新たな知識を吸収し、
・すでに保有している知識と結合・創造し、
・生産性を高める行動に移せる。

「自分はすでに全部できている！」という方もいるかもしれません。一方で、上の中のいくつかについては「できている」としても、

(注) 自社の状況を把握するというのは、顧客、競合企業の状況を把握することも含まれています。

「すべてができている」つまり「自分は能率10訓を実践できる！」と自負できる方は多くはないのではないでしょうか。図表2－4の例で考えてみましょう。

●図表2－4　D君とE君、どちらを評価しますか？

	インプット （労働時間）	アウトプット （成果）
D君	10	10
E君	12	12

みなさんは、D君、E君のどちらを評価しますか？　生産性で考えると、2人は"同じ"になりますね。この2人の評価については、いろいろな意見があると思います。代表的と思われるのは、「アウトプットが多く出ているからE君がよい」。「インプットが少ないD君がよい」。その他にもいろいろな意見があることでしょう。

具体的な場面を想定してみましょう。

みなさんはD君、E君の上司として、「プレゼンテーション資料の作成を依頼した」とします。この場合はどうでしょうか。アウトプットとして見栄えがよいE君を評価するのではないでしょうか。

では、このプレゼンテーション資料が「社内でしか使わないもの」だったとしたらどうでしょう。社内だけで使うのであれば、アウトプットが10であるD君のプレゼンテーション資料でも問題ないかもしれません。

「アウトプットがどこまで求められているか」によって、評価は違ってきます。評価基準は、そのときの状況に応じて設定しなければならないのです。つまり、自社の方針や経営環境などを考慮して決めなければなりません。そういった考慮なくして決めた基準は、

「意味がないもの」といえるでしょう。

みなさんは、「仕事におけるアウトプット基準」を設定することができていますか？　このアウトプット基準が設定できていないと、「どこまでアウトプットを出せばよいのか」がわからず、アウトプットに過不足、つまりムラが生じてしまいます。また、「アウトプット＝10」でよいときに、「12アウトプット」を出すことは、ムダ、過剰な活動をしていることになります。あるいはそもそも「アウトプット＝8」が適切であるにも関わらず、「アウトプット＝10」を強いるのだとすれば、ムリな活動となり、クレームや欠陥を生じさせることになるかもしれません。

＊　　　＊　　　＊

マネジャーには、メンバーとアウトプット基準の調整をする役割が求められます。ビジネスの環境が以前と変わっているにも関わらず、「いつもアウトプット基準は同じ」のはずがありません。状況に応じた適切なアウトプット基準の設定をするためには、「全体最適を考えた上で部分最適を追求する」という視点が必要です。

アウトプット基準を決めるのは単純な作業ではありません。というのも、アウトプット基準を「決めやすい仕事」もあれば「決めにくい仕事」もあるからです。しかし、能率10訓が実践できるようになれば、アウトプット基準が設定しやすくなります。

そこでみなさんが「実践者かどうか」を簡単な質問で判定してみます。以下の質問に○×で答えてください。

＜質問＞
□①自社の決算書を見る習慣がある。
□②自社の状況を自分の言葉で語ることができる。
□③自社が進もうとしている方向性を理解している。
□④「自社をよくしたい」と思っている。

□⑤自分で優先順位を考えて仕事に取り組んでいる。
□⑥スキルがないことを理由に仕事の幅を狭めることなく、仕事に対する"想い"を優先させ仕事に取り組んでいる。
□⑦考える時間をもって仕事に取り組んでいる。
□⑧現状に満足することなく、改善、工夫をして仕事に取り組んでいる。
□⑨うまくいかないことがある場合、他責ではなく自責で考えている。
□⑩前向きに仕事に取り組んでいる。

　10項目の質問のうち、いくつ○をつけることができましたか？○をたくさんつけることができた方は、すでに実践できている人であるかもしれません。○がまったく入らなかった方は、今後○が増えるように心がけ、実践していってください。

● 質問事項の解説

＜質問①自社の決算書を見る習慣がある＞

　この質問には、ぜひ○が入って欲しいところです。ただ現実は「自社の決算書を見る習慣がない」人のほうが多いのではないでしょうか。○が入らなかった方は、自身の仕事周辺だけではなく、もっと自社に興味をもつようにしましょう。

＜質問②自社の状況を自分の言葉で語ることができる＞

　10項目のうち、一番○が入りにくいのはこの質問です。「働いている会社のことなのだから、当然よく知っている」と思う方もいるでしょう。しかし、それは本当でしょうか。そもそも質問①に○を入れられなかった方には、質問②は難しいはずです。質問①に○がついていたとしても、自社の決算書を分析してみたことはあります

か？　さらに競合企業と自社の決算書を比較してみたことがありますか？　これらがYESでなければ、質問②に○をつけることはできません。「わかっているようで実はわかっていない」のが質問②なのです。

　経営企画部門など、特定の部門や業務に携わっている方であれば、競合他社との比較を、決算書を使って実際に行っている場合もあるでしょう（あって欲しいと思っています）。しかし、実際には多くの場合、せいぜい「分析結果を見たことがある」に留まっています。

　筆者は、さまざまな企業でこの質問項目をマスターしていただくことを目的とした自社決算書分析研修なども実施しています。そうした研修の場において感じるのは、「自社を理解していない方が非常に多い」ということです。たとえば、分析研修中に"債務超過"の危険性が判明する場合もあり、その事実に驚愕する経営幹部やマネジャーも少なくありません。もう1つは、「決算書を分析するのは経理の仕事だと考えている人が非常に多い」ことです。

　これを機会に、みなさんに理解、再確認していただきたいのは、「自社の状況を知らずして、自身の業務における最適な行動をとることはできない」ということです。ここに○をつけられなかった方は、次の第3章を十分に読んで参考にしてください。

＜質問③自社が進もうとしている方向性を理解している＞

　先に生産性を高める5つのパターン（図表2－2：P.40）を見てきました。みなさんは現在、自社がどのパターンで進もうとしているか、把握していますか？　また、パターンはみなさんが所属する部門によっても違ってくる場合もあります。それぞれ把握できているでしょうか。この質問に○が入らなかった方は、質問②と絡めて自社の進もうとしている方向性を把握しましょう。

<質問④「自社をよくしたい」と思っている>

みなさんこの質問項目には○が入っていると思いますが、いかがでしょうか。ここに○が入っていない方には、会社の価値観を共有することは絶対にできません。また、ここに○が入らないメンバーがいるとしたら、それはみなさんの責任です。○になるようメンバーを導かなければなりません。

<質問⑤自分で優先順位を考えて仕事に取り組んでいる>

最近「指示待ち人間」が増えているようですが、自社の価値観を把握、共有化した上で「今、何を行うべきか」の優先順位を自ら考えることが重要です。

<質問⑥スキルがないことを理由に仕事の幅を狭めることなく、仕事に対する"想い"を優先させて仕事に取り組んでいる>

仕事、業務をこなすにはスキルも重要ですが、それ以上に仕事に対する"想い"のほうが重要になります。「自社をよくするために必要なこと」であれば、「スキルがないから……」といってあきらめてはいけません。"想い"があれば、それを行動に換えることによって、自社をよくすることに貢献できます。プロスポーツ選手などが代表的ですが、スキルやテクニックのレベルでほとんど変わらない場合、その人の試合にかける"想い"が結果を決めるといわれています。逆にいえば、"想い"のない行動による結果は、偶然か神様のプレゼントに過ぎず、みなさんの行動の「狙った結果」とはいえないのです。

<質問⑦考える時間をもって仕事に取り組んでいる>

「忙しくて仕事で考える時間なんてないよ……」と言われそうで

す。しかし、考える時間をもたないと場当たり的な仕事の進め方になり、「仕事の目的」を見失ってしまいます。「仕事の目的」を十分に考えた上で仕事に取り組めば、ムダな仕事に必要以上の時間をかけずに済みます。また、改めて過去の仕事を「仕事の目的」と照らし合わせてみれば、ムダな仕事に必要以上の時間をかけてしまっていたことに気づけるはずです。(「考える時間」については、第5章−3節：P.167で触れています)。

＜質問⑧現状に満足することなく、改善、工夫をして仕事に取り組んでいる＞

「現状に満足して何が悪いのか」という声も聞こえてきそうです。しかし、現状に満足してしまうと、今の仕事の中にある問題点は見えなくなってしまいます。事業環境が日々変化している中、絶えず仕事のやり方、かける時間、求めるアウトプットを調整しなければならないのです。

「仕事のやり方を変えようと思っても、現状維持でよいと思っている上司や周囲のメンバーばかりでやりようがない」と思っている方もいるかもしれません。「なぜ仕事のやり方を変更しなければならないのか」を説得することも、みなさんの大切な役割です。

＜質問⑨うまくいかないことがある場合、他責ではなく自責で考えている＞

これは、相当に意識しないと、なかなか○にはなりません。みなさん、一度ぐらい、次のように思ったことはありませんか？「こんな戦略しか打ち出せない経営幹部しかいないのだから、業績が悪くても仕方がない」と。たしかに、そのような理由（他責）も、業績不振の原因には含まれる場合があるでしょう。

しかし、ここで問題なのは、他責とすることで思考停止に陥ってしまい、自身の活動に工夫をしなくなることです。これは、成果が出ないことを助長する行為でもあります。人間には本来、自然と他責で考えてしまう傾向があります。だからこそ、意識的に自責で考えるようにしなければならないのです。

同じ例を自責の場合で考えてみます。「業績が上向かないのは、我々の採っているやり方に問題があるのではないか。これを突き詰め、試行し、それでもやはり戦略に問題があるということであれば、上層部に対するコミュニケーションを図らなければならない」。要はまず、**自身の行動を変えることに着手できるかどうか**、です。

結果や成果、これらには、さまざまかつ大小の要因が関わっていますが、そうした先にある未来には、私たち自身の活動も影響しているのだということを意識し、決して傍観者にならないことです。

<質問⑩前向きに仕事に取り組んでいる>

この質問に○がつかなかった方は、これを機会に「後ろ向きで仕事に取り組む」のは止めましょう。「成果が出ないのは自分に能力がないから」「自分はこの仕事に向いていない」といったことばかりを考えてしまうのは、個人の精神上はもちろん、組織にとってもよくありません。マネジャーであるみなさんの後ろ向き加減は、周りのメンバーにも影響を与えます。部門を活性化できないどころか、メンバーの意欲を減退させてしまいます。「前方(かつ上方)」を向いて、仕事に取り組むことが重要です。

　　　　　　＊　　　＊　　　＊

10項目の質問に対して「○がつかない」現状。これが多くの企業、部門で散見されます。みなさん自身にもたくさん○がつくことを期待しますが、メンバーにも同じことを求めます。このことで結

果として、会社や組織全体の生産性が高まること間違いありません。

(3) 実践できるメンバーを育てるためには

「能率10訓を実践できるメンバーを育てるために、何をしなければならないのか」。

当然のことながら、そもそも育てる側が実践者になっていなければなりません。みなさん自身がそうなっていなければ、メンバーを実践者として育てることはできない、ということです。

まず、「自分が実践者になる!」。そのための視点として、前項の10項目と、これから紹介するメンバーの育て方を参考にしてください。

それでは、「どのように育てていけばよいのか」その原則、大前提は、

> 指示をするのではなく、価値観を共有する

ことです。これが要です。したがって、育てる側としては「共有すべき価値観」が何であるのか、それを確認する必要があります。「ウチの会社には価値観といえるようなものがない……」というような場合には、第3章で紹介している会社の現状を把握するためのアプローチを実践し、最低限として会社の目標を把握、確認するところから始めてください。

マネジャーとして、未熟であるメンバーに対して、具体的な指示を出したくなる気持ちはわかります。指示をすることは短期的な生産性向上につながる場合もあります。反面、長期的には生産性が向上しづらくなります。最初にすべきことは行動などへの指示ではなく、価値観を共有することなのです。

具体的には、自社の状況を十分に分析し、中長期の経営計画書な

どと絡めながら、メンバーとともに「今後進むべき方向性」を確認します。そして、「進むべき方向性」に関する合意をつくりあげ、一旦、メンバー自身に「何をするべきか」をじっくり考えさせてあげてください。ここは、少し時間がかかるかもしれません。

現場実務について有能なマネジャーほど、この時間はムダと考え、耐え難いことでしょう。しかし、こうした時間をもつことが、「自ら考える」という能率10訓の実践者としての資質を醸成し、またはじめて共有化すべき価値観の実感へとつながっていくのです。

そして、ここで誕生した価値観を、みなさんの価値観として共有してください。「価値観を共有できた状態」とは前にも述べた通り、いちいち細かい指示をしなくても、自ずと優先順位が同じになっている状態です。

そして、年度ごとの優先順位、それぞれの仕事に自分としてどのような"想い"で取り組むかなどを共有してください。ただし、最低限知識として知っていなければ仕事はできませんから、そうした知識は教えていかなければなりません。これらに地道に取り組むことで、自分のことだけを考え、ただ自己主張するような他責の人は激減するはずです。

たとえば、メンバーの仕事の進め方を見ていて、「ムダなことばかりしているな」と思ったとします。ここで「そんな仕事のやり方はダメ」などと言って、みなさん自身が考え方ややり方を押し付けるようなことはしてはいけません。

まず、「彼／彼女は、どのような"想い"でその仕事をしているのか」ということを十分に理解しなければなりません。会社の価値観とメンバーの仕事への"想い"がおおよそ一致していれば、一定以上、彼らに任せてあげて欲しいと思います。

組織におけるその仕事の位置づけを明確にし、仕事のやり方を考

え工夫させる余地、機会を提供することが必要です。短期的な目線で見てしまえば、「時間がかかっており、生産性が低くなっている」ように見えることもあるでしょう。しかし、この「ムダに見えること」こそが、将来的には生産性を高める投資時間となるのです。この投資時間として捉えるべき対象は、第5章では**「付加価値活動」**（第5章の図表5－3：P.174）として紹介しています。

ただそうはいっても、「現実、そんな余裕はないよ」と言われるかもしれません。しかし、ここで諦めてしまえば、短期的生産性向上の枠組みの中だけで仕事をしていくことになってしまいます。しかし、長期的な視点をもってすれば、メンバーが絶えず会社全体の生産性を意識し、自分で仕事のやり方を考え工夫できるようになっていきます。

不確実性の高い経営環境に対応するためには、目先のことだけではなく、会社全体として「自分の仕事の意味は何であるのか」を考え、生産性を高める工夫が不可欠です。

＊　　　＊　　　＊

最後にもう一度。こうしたメンバーの育成に欠かせないのは、みなさんが会社の現状、会社の進むべき方向性を十分に把握しておくことです。これは生産性向上に貢献する能率10訓の実践者としての要件であり、最も重要なことなのです。

第3章

生産性向上のための経営指標

～全体最適を考える～

1 経営計画書の意味
～トップのメッセージを理解できていますか～

　トップのメッセージ……これを知るために、トップと直接会ったり頻繁に話をしたりという機会は、一般的にはそうそうあるものではありません。しかし、トップのメッセージは、直接的、間接的に経営計画書などで語られています。直接的には「言葉で」目指す自社の方向性が、そして間接的には「目標という数値で」示されているのです。前者はともかく、後者の意味をみなさんは理解できるでしょうか。

　そもそもみなさんは、経営計画書、あるいは年度計画書など、じっくり読み込んでいますか？　「読んでいる」という方は多いと思いますが、その内容を「理解することができている」でしょうか。実際には全体を"眺める"レベルに留まってしまっていて、たとえば「自分に関係ある数値だけ」に目線がいってはいませんか？

　残念ながら理解までには至っていない1つの原因として、会計スキル不足があります。会計スキルが不足していても「理解しているつもり」にはなれます。しかし、本人は「つもり」とは思ってはいません。「理解している」と思っています。会計スキル不足は、経営数値、目標の本質を理解することを気づかぬうちに阻害する厄介なものなのです。これは、若手社員やミドルどころか、シニアマネジャー以上であっても、コンサルティングの現場や研修を通じても実感することです。

　「自分には会計スキルがない……」とすでに自覚がある方は、心配いりません。最低限押さえていただきたいことは、本書で説明していきます。ただその前に、「わかっているつもり」に陥っていな

いかどうかを確認しておきたいと思います。

　ここでは、みなさんの会社が「自己資本比率を高める」ことを目標としていたとします。「ウチの会社では自己資本比率は主要な目標として設定されていない」という方もおそらくいるでしょう。しかしだからといって、自己資本比率は「知らなくてもよい指標」とはいえません。ですので、ここをスキップせず、まずは以下を検討してみてください。

　　　　　　　　　＊　　　＊　　　＊

＜質問＞「自己資本比率を高める方法」を3つ、挙げてください。

①
②
③

　3つ挙げることができたでしょうか。順番は問いませんが、
　①負債を返済する
　②増資をする
この2つは、まず最低、挙げることができて欲しいものです。そして最後の1つ。実はこれがなかなか出てきません。正解は、
　③当期純利益を増やす
です。

　当期純利益を増やすことによって、貸借対照表の純資産の中の利益剰余金を増やすことができます。その結果として、自己資本比率を高めることができるのです。

　「自己資本比率がわからなくたって……」。これではいけません。特に自己資本比率は昨今、重要視されている経営指標の1つです。

「担当する業務に関わる数値」だけはわかっていたとしても、この指標がわかっていなければ、「**会社と自分の業務とのつながりを理解できていない**」ということになります。

　　　　　　　　＊　　　　＊　　　　＊

　コンサルティングの現場で実際にあった話を紹介しましょう。あるクライアントの会議に参加させていただいたときのことです。

　各部門の部長に対して社長が、「自己資本比率を高めることができるよう、努力して欲しい」と一言。するとある部長から、「自己資本比率を高めるのは私たちではなく、社長か財務部長の仕事でしょう。増資なんて、私たちの仕事ではないし、その権限もありません」との意見が出ました。この場面での社長の真意は、「当期純利益を高める努力をして欲しい」ということだったのですが、それが伝わらなかったのです。

　自社が掲げる業績目標数値と、自身の業務がどのようにつながっているのか。これが理解できていなければ、目標を達成するための最適な方法の選択は叶いません。最適な選択ができなければ、ムダやムリを生んでしまいます。ムダやムリを生まない、そのための最適な手段を選ぶためにも、会計スキルを十分に身につけておくことが必要です。その上で、経営計画書を理解することに努めなければならないのです。

経営者がかけた時間をムダにしてはいけない!!

　"時給が高い"経営者や幹部が、時間をかけて策定した経営計画書。これを十分に理解されていないとしたら、経営者や幹部がかけた時間（インプット）が、会社の成果（アウトプット）には結びつきません。これは何としてでも避けたいことです。

　直接、経営者とコミュニケーションをとる機会は、一般的には少

ないはずです。しかし、経営計画書は経営者のメッセージを読み取るための材料であり、それはメッセージを知る大きなチャンスになります。ぜひ正しく理解し、経営者のかけた時間をムダにしないようにしてください。これもまた、みなさんの務めであり、組織の生産性向上にも直結することなのです。

2 会社の成績を知らない不幸
　～なぜ会社の成績を知る必要があるのか～

　第2章で、能率10訓を実践するみなさんにとって「自社の状況を把握すること」は不可欠であると述べました。それではなぜ、自社の状況を把握しなければならないのでしょうか。

　たとえば、上司から「今期の決算状況は非常に悪い。だから来期こそは頑張ろう！」とだけ説明を受けたとします。みなさんはここで、何かしらの疑問を感じませんか？（感じて欲しい……）

　上司のその説明の前に、いろいろな費用削減の指示や景気の悪さなど、「なんとなく悪そうな雰囲気」は感じることもできるでしょう。それでもスッキリできないのは、決算のどこが悪いのか、具体的にイメージすることができていないためです。

　研修場面でも同様のことが起きます。自社の決算書を対象として分析を行う場合、はじめに「みなさんの会社の経営状況はどうですか？」と尋ねると、「普通ですね」「厳しい状況です」「良い感じになってきました」などの答えが返ってきます。このような答えは、傾向としては間違っていなくても、実は具体的には何もわかっていない……ということになるかもしれません。

　　　　　　　＊　　　　＊　　　　＊

　一口に決算書といっても、経営成績（儲け）をあらわす損益計算書、財政状態（体力）をあらわす貸借対照表、資金繰りをあらわすキャッシュフロー計算書があります。具体的に、これらの「どの部分が悪いのか」を把握しておかなければ、せっかくの改善活動はムダやムリであって、結果としてムラを生んでしまうのです。

　決算書からは、たとえば「売上目標は達成しているが、債権の回

収率が悪い」、また「材料仕入コストが安いので、業界平均よりも売上原価率は低いが在庫を多く抱えて資金繰りが厳しい」といったことを理解することができます。では、この２つの内容から自社の決算書は「普通」「良い」「悪い」と簡単に片付けてしまってよいのでしょうか。

　「どの部分が良くてどの部分が悪いのか」。これを具体的に把握することが必要です。上述でいけば、「営業部門は販売目標を達成、会社としては債権回収できずに苦しんでいる」、また「製造部門では安く大量に材料を仕入れて売上原価を低減、会社としては在庫を多く抱え、資金繰りが悪化」してしまいます。このように、自分や部門だけの最適に終始してしまうと、会社としての決算書は悪化してしまうことがあるのです。

　そこで再びお尋ねします。みなさんは「自社の状況」を十分に把握していますか？　ここが曖昧だとすれば、会社全体における自分の仕事の位置づけもまた不明なのではありませんか？　この状態だと、**自分としては**「**精一杯仕事をやっている**」**としても、会社への貢献につながっていない**、ということになるのです。

3 "会計嫌い"の克服
～その第一歩は「財務会計と管理会計の違い」を知る～

　ここまで述べてきたように、会計スキルは能率10訓の実践者として組織を"つなぐ"ものであり、真の生産性向上には不可欠なものです。

　しかしながら、「会計は苦手だ」。このような方はおそらく、学生時代や研修などで会計に触れた機会があるのでしょう。"会計嫌い"は思いのほか多いようです。研修やコンサルティングの場でその理由を尋ねてみると、「覚えることが多過ぎる」「日常的には使う機会があまりない」、あるいは「小難しく聞こえる」ことも抵抗感を助長しているようです。

　こう聞くと、「会計は初めてだ（自分の仕事と関係があるとは思っていなかった）」という方は身構えてしまうかもしれません。たしかに、「会計のプロフェッショナルになる」ことを志すのであれば、相当な覚悟が必要です。しかし、ここで押さえていただきたいのは、実践者として必要な会計スキルです。多少"小難しい"言葉も出てはきますが、最低限のポイントを押さえることはそれほどハードルが高いものではありませんので、安心してついてきてください。

　　　　　　　　　＊　　　　＊　　　　＊

　まず、「会計とはどのようなものなのか」から始めます。

　ここまで「会計」という言葉を使ってきましたが、会計は「財務会計」と「管理会計」の２つに分けることができます。

　財務会計は、外部報告にその目的があります。ここでいう外部とは、投資家や金融機関、株主です。外部から「この会社の経営状態（決算）はどうなのか」を把握、判断するための情報となるのが決

算書です。したがって、もし企業によって決算書の表記形式や用語などがバラバラだとしたら、比較はもちろん、客観的評価も下すことは難しくなってしまいます。そこで共通の基準として定められているのが会計基準です。この会計基準に沿って作成されているのが決算書です。そして、ここで使われているのが財務会計なのです。この作業は一般的には経理部の仕事です。

　もう１つの管理会計。想像がつくと思います。そうです、管理会計が目的とするのは内部報告です。管理という名称がついているため誤解されがちですが、管理会計の目的は「自社の経営改善」です。財務会計で作成された決算書を分解し、自社の問題や課題を発見し、その改善策を検討していくことが管理会計なのです。

　自社をよくするためにあるのが管理会計。これを使うと、競合企業の分析やビジネスモデルを把握することもできます。そうしたことをもとに自社の「次の一手」を練ることができるのです。

●図表３−１　財務会計と管理会計―その目的と関係者

	対象	目的	主に関わりのある人
財務会計	外部	報告 決算書作成	財務・経理部員 など
管理会計	内部	マネジメント 決算書改善 （経営をよくすること）	経営者を含む 全社員

*　　　*　　　*

　まず、ここまで、いかがでしょうか。みなさんのイメージしていた会計と違いはありましたか？

　お気づきかもしれませんが、"会計嫌い"は、財務会計がその大きな原因の１つとなっています。「会社をよくするための会計」と

いうことであれば、ぐっと身近に感じられるのではないでしょうか。
経営計画書、つまり会社としての方針、戦略を理解するために必要なのは、管理会計のスキルです。そしてこれを身につけると、通常の業務をこなしているだけではわからなかった自社のことがいろいろ見えてきます。そしてそこから、担当する業務の役割、どう進めていくべきなのか、といった視点を得ることができるようになるのです。

4 決算書はそもそもわかりやすく作られている ～会計に対する固定観念を打破する！！～

　管理会計が面白そう、役に立つのだということを理解したとしても、「実際、決算書を見るとやっぱり難しい……」。そのお気持ちはよくわかります。「漢字と数字ばかり」である決算書は、筆者も見始めた頃は本当に嫌になったものです。しかし、ここで諦めてはなりません。「漢字と数字ばかり」に目がいくと、難しいと感じてしまう、そう感じるのは、みなさんの

固定観念

なのです。"会計嫌い"の最大の原因は、固定観念といっても過言ではありません。というのは、実際、

決算書はわかりやすく作られている

のです。
　「本当！？（嘘でしょう）」と言われるかもしれませんが、本当なのです。これから「決算書はわかりやすく作られている」という意味をお伝えしていきます。

＊　　　＊　　　＊

　次のようなケースで考えていきましょう。みなさんが「ある企業にお金を投資した」とします。さて、みなさんはこの会社にどうなって欲しいですか？　お尋ねするまでもなく「成功して欲しい！」ということになるでしょうが、そこまでいく前に、「投資したお金がどう使われているのか」「どういう経営状況であるのか」について知りたいと思います。企業側から見ると、この報告、報告書に当

たるのが決算書なのです。その報告書、つまり決算書が難しく作成されていたら、みなさんはどう思われますか？　困るどころか、怒りさえ湧いてくるかもしれません。だから企業は、投資家に怒られないようにするために、わかりやすく決算書を作成しているのです。

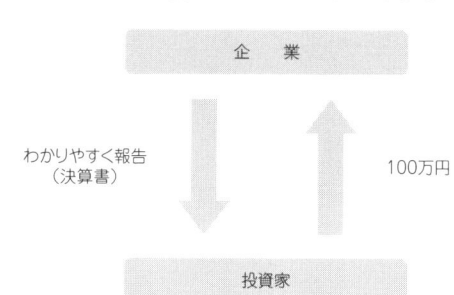

●図表３－２　決算書はわかりやすくできている

```
           企　業
      ↓          ↑
わかりやすく報告        100万円
 （決算書）
      ↓          ↑
          投資家
```

　ですから心配は無用です。「難しい」という固定観念は捨て去りましょう。そして第一として「決算書はわかりやすく作られている」ということを念頭に入れてください。その姿勢で次節に臨んでさえいただければ、「そういうことだったのか」と理解はスムーズに進むはずです。
　では、いよいよ決算書の見方を見ていきます。

5 決算書の見方
～決算書で何がわかるのか～

　みなさんの会社の経営計画書、あるいは年度計画書でもかまいません。それらの中では、売上や利益に関する目標は必ずあると思います。そして、それ以外にもROA、ROE、自己資本比率、流動比率、固定比率、固定長期適合率、総資産回転率などといった指標で目標が設定されているはずです。

　計画書が対象とする期間の差異に関わらず、そこで語られる目標

●図表３－３　財務三表とその基本的な意味

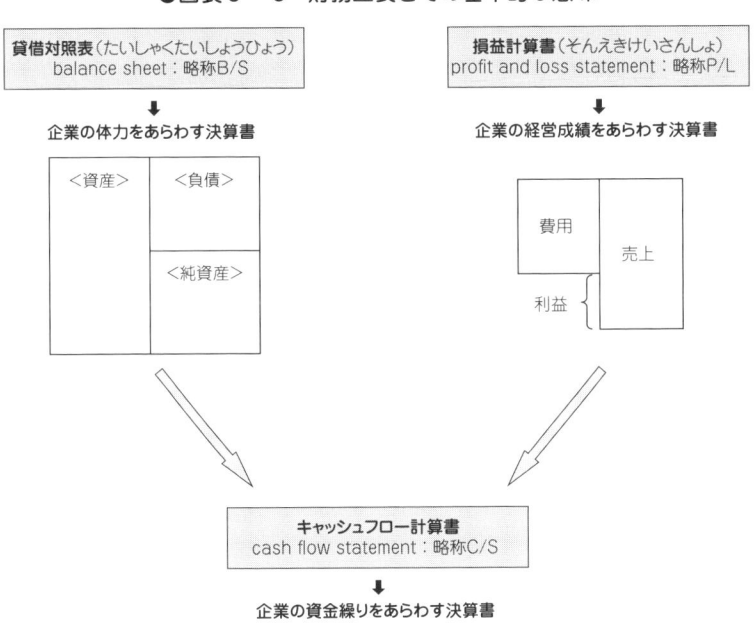

貸借対照表（たいしゃくたいしょうひょう）
balance sheet：略称B/S
↓
企業の体力をあらわす決算書

<資産>	<負債>
	<純資産>

損益計算書（そんえきけいさんしょ）
profit and loss statement：略称P/L
↓
企業の経営成績をあらわす決算書

費用	売上
利益	

↓　　　　↓

キャッシュフロー計算書
cash flow statement：略称C/S
↓
企業の資金繰りをあらわす決算書

営業活動によるキャッシュフロー（「営業活動で得た現金」をあらわす）
投資活動によるキャッシュフロー（「投資した資金と回収したお金」をあらわす）
財務活動によるキャッシュフロー（「資金の調達と返済」をあらわす）

数値は、決算書をもとにして設定されています。そう、自社の進むべき方向性を定めるには、決算書が不可欠なのです。これがこれまで「決算書を分析できなければ、経営計画書を十分に理解できない」とお伝えしてきた理由です。

ではこれから決算書を見ていきます。みなさんには前節で、「会社に投資をした」ということにしていただきました。そのつもりでここから読み進めていってください。

まず、決算書には3種類があります。「損益計算書」「貸借対照表」「キャッシュフロー計算書」で、一般に財務三表といわれるものです（図表3-3参照）。

● 決算書の種類

① 損益計算書：P／L(profit and loss statement)

損益計算書から、「会社がちゃんと経営成果を出しているのかどうか」を把握することができます。より簡単にいうと、損益計算書でわかるのは「会社の儲け」です。この「儲かっているのか、いないのか」は、ある一定期間を対象としています。つまり、年度末の決算で出てくる損益計算書は、「1年間の経営活動によってどれぐらい儲けることができたのか」を示しています。

損益計算書の中では「会社の儲け」を、
- 売上高
- 売上総利益
- 営業利益
- 経常利益
- 税引前当期純利益
- 当期純利益

に分けて表示しています。

売上高は問題ないでしょう。製品やサービスといった有形無形を問わず、企業が提供した商材に対して、お客さまがその対価として支払ってくださった金額の合計です。

　利益のほうが5種類あります。利益は基本的に「売上から費用を引いたもの」です。5種類の違いは、「売上から引いている費用の種類の違い」に過ぎません。一部、営業外収益、特別利益など「足し算」するものもありますが、その例は図表3－4で確認してください。

●図表3－4　会社の儲けを示す「売上と5つの利益」の関係（家電販売店の場合）

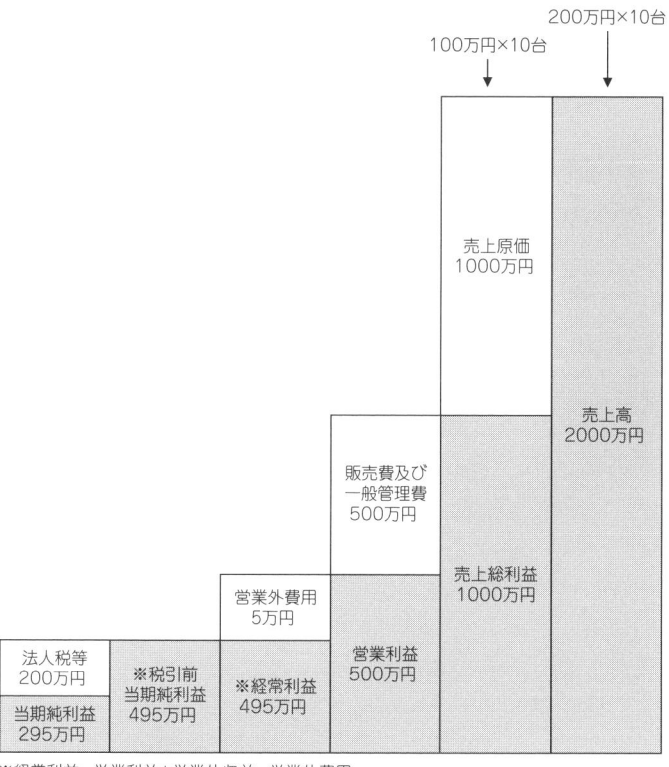

100万円×10台　　200万円×10台

売上原価
1000万円

販売費及び
一般管理費
500万円

売上高
2000万円

営業外費用
5万円

売上総利益
1000万円

法人税等
200万円　　※税引前
　　　　　　当期純利益　※経常利益
当期純利益　495万円　　495万円　　営業利益
295万円　　　　　　　　　　　　　　500万円

※経常利益＝営業利益＋営業外収益－営業外費用
※税引前当期純利益＝経常利益＋特別利益－特別損失

家電販売店で考えてみましょう。

たとえば「200万円のテレビが10台売れた」とします。これが売上高です。

そして、売上高から売上高に対する売上原価（テレビの仕入単価100万円×10台）を引いたものが売上総利益です。

その利益から「テレビを売るためにかかったお金＝販売費及び一般管理費」の500万円（広告宣伝費、人件費、光熱費など）を引いたものが営業利益です。

ここから、たとえば「店舗を建設するために調達した借入金」などから発生する営業外費用の支払利息10万円、「銀行に定期預金として預けたことで得られた利息＝営業外収益」の受取利息5万円を加味したものが経常利益となります。

さらに、「その期にのみ発生する特別処理から発生する特別利益や特別損失」を加味したものが、税引前当期純利益になります（図表3－4の例では「特別利益、特別損失はなかった」としています）。

最後に、税引前当期純利益から法人税等200万円を差し引いたものが当期純利益です。

② 貸借対照表：B／S（balance sheet）

貸借対照表は、いわば「会社の体力」を表しています。決算期末に会社が「体重計にのって土地、建物、商品などの資産の重さを測定」し、その結果が書かれているものが貸借対照表です。この体重計はさらに詳しいことがわかるようになっています。資産である土地、建物、商品などが「どこからお金を調達して購入したものであるのか」を知ることができるのです。

この体重計、以降は貸借対照表としますが、図表3－5のように大きく3つの塊、負債、純資産、資産に分けることができます。

まず、負債は外部調達、純資産は内部調達を意味しています。そして、資産は調達したお金を「どのようなものに使ったのか（運用したのか）」をあらわしています。

会社を設立した時点を例として図表3－5で考えてみます。銀行から借入金300万円を調達（＝外部調達）し、個人資金500万円を会社に入れ（＝内部調達）資本金500万円とします。

そのお金で土地を300万円、建物を300万円、商品200万円現金で支払ったとします。

この結果、貸借対照表は、負債（借入金300万円）、純資産（資本金500万円）、資産（商品200万円、土地300万円、建物300万円）ということになります。

そうすると負債と純資産の合計800万円と、資産の合計800万円が同額になることがわかると思います。当たり前のことですが、「調達と運用は一致」します。つまり、貸借対照表はこのように、「どのようにお金を調達し、何にお金を使っているのか」を把握できる

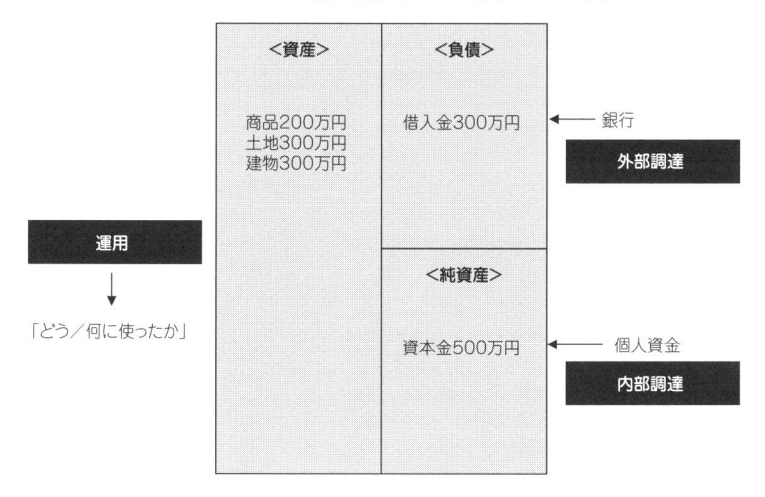

●図表3－5　貸借対照表の基本構造とその意味

のです。

③ キャッシュフロー計算書：C／S（cash flow statement）

キャッシュフロー計算書は、「会社の資金繰り」をあらわしています。そして、キャッシュフローには3種類があります。

1年間の決算期間で、「どれぐらい本業でお金を得たのか」。これを「営業活動によるキャッシュフロー」と言います。「将来のため設備投資にいくらお金を出したのか」「資金繰りに困り土地や建物を売り、いくら手にしたのか」。これは「投資活動によるキャッシュフロー」と言います。3つめは、「お金を銀行からいくら借り入れをしたのか」、または「返済したのか」をあらわしたものが「財務活動によるキャッシュフロー」です。

キャッシュフロー計算書にある、営業活動によるキャッシュフロー、投資活動によるキャッシュフロー、財務活動によるキャッシュフローのそれぞれの金額によって、会社の資金の流れ（＝資金繰り）を把握することができます。

●図表3－6　理想的なキャッシュフロー計算書

営業活動によるキャッシュフロー	1000
投資活動によるキャッシュフロー	500
フリーキャッシュフロー	500
財務活動によるキャッシュフロー	▲400

営業段階で1000の現金が生まれ、
営業段階で生まれた現金の範囲内で500投資を行い、
フリーキャッシュフロー500の範囲内で、
借入金の返済や株主に配当400を行う

企業のお金の流れをもう少し深く理解したい場合には、フリーキャッシュフローを加えましょう。フリーキャッシュフローは、「営業活動によるキャッシュフローと投資活動によるキャッシュフローを合算したもの」です。これがあらわす意味は、「企業として自由に使えるお金」です。「フリーキャッシュフローの範囲内で借入金の返済を行うのがよい」と一般的にいわれています。
　この意味から、理想的なキャッシュフロー計算書、言い換えると「理想的なキャッシュフローはどのような状態なのか」を示したのが図表3－6です。

＊　　　＊　　　＊

　ここまで大丈夫でしょうか？　「ちょっと怪しい」という方はぜひ、今のうちに本節の最初に戻りましょう。本節で挙げたポイントを押さえておけば、「会社の経営成績や体力、お金の動き」の基本を理解したことになります。次節から見ていく経営指標は、自社の問題、課題と関連づくものに焦点を当てています。こうした経営指標は、ここまでの中のいわば組み合わせに過ぎません。ここでしっかり押さえておきましょう。

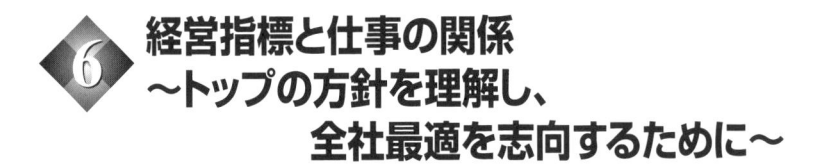

⑥ 経営指標と仕事の関係
   ～トップの方針を理解し、
   　　全社最適を志向するために～

　「経営計画書はその策定プロセスにおいて、決算書を用いている」ということは、おわかりいただけたと思います。決算書には経営結果、つまり業績が、ルールに沿って並べられているに過ぎません。ただこれを、"ほんの少し"分析することによって、その問題や課題を発見したり、具体的な対応策や改善策を練るヒントを引き出したりすることができるのです。

　"ほんの少し"を信じ難い方もいるでしょうが、分析の多くは「割り算」で済むことです。それを時系列や他社と比較するという作業ですから、心配はいりません。そうした作業によって経営計画書などは策定されているのです。もちろん、その中に含まれる目標指標やその値も同様です。

　ここから、「経営状況を評価する」という意味で、大きく5つの分野にわけて経営指標を紹介していきます。能率10訓を実践するためには、経営指標から会社の状況を把握しなければなりません。みなさんの仕事と経営指標とが、どのように関連するのかを把握してください。

　(1)「収益性」を把握する経営指標
　(2)「短期支払能力」を把握する経営指標
　(3)「安全性」を把握する経営指標
　(4)「効率性」を把握する経営指標
　(5)「会社全体」を把握する経営指標

　これら5分野の代表的な経営指標とともに、そこから「どのよう

なことが問題あるいは課題となるのか」「そのような場合には基本的な対応としてどのようなことが考えられるのか」を見ていきます。

これらの指標には、みなさんの部門や日頃の業務と直結、あるいは間接的に関わることがあるはずです。たとえば、(1)の「収益性」を把握する経営指標では全社員が関わっています。具体的には売上高に直接関係する営業部門、営業活動をサポートする人事や総務、経理などを行う間接部門、売上原価に関係する製造部門など、全社員との何らかの関わりがあります。みなさんの活動が直接、間接的に「どのように決算書に影響しているのか」を考えてみてください。

また、直接関わっていない指標であっても、トップや自社の方針を理解する、つまり、全体最適を真に志向するためには、経営指標の意味を知っておくことが不可欠です。決算書から会社の活動、部門の活動、個人の活動の関連性を考える、つまり全体最適を考えながら部分最適の追求をしなければならないのです。

(1)「収益性」を把握する経営指標

まず、「収益性」を把握する経営指標を見ていきます。濃淡はありますが、これらは「全社員が関わる経営指標」です。

最もわかりやすい例として、営業部門であれば「自分の部門の販売量がどれだけ会社に貢献したのか」を把握できます。さらに「売上を上げるためにどれだけの費用をかけてしまったのか」などもわかります。そこで「費用対効果がよくない」となれば、それぞれの営業担当者が営業活動の生産性を考えて行動する必要が出てくるわけです。

ただし、能率10訓を実践するみなさんは、会社全体の生産性向上を考えなければなりません。したがって、営業部門をサポートす

る、たとえば経理部門のことも考えた行動をとることが必要となる場合もあります。営業部門にとって売上を上げることは重要ですが、たとえば経理部門へ送付する「債権回収リストなどを正確に記入する」ことも重要です。それらの資料が正確に記入されていないと、経理部門は不備の修正などに追われて債権回収がスムーズに進まず、残業時間が発生したりします。残業が発生すればその分費用がかかり、利益率を悪化させてしまいます。

製造部門で考えてみましょう。製造コストを下げるために原材料などの仕入先と交渉、材料を大量に仕入れることによって製造コストを下げたとします。しかし、製品が売れ残ってしまえば、在庫は増えてしまいます。在庫が増えると場合によっては、会社としての資金繰り悪化を招く事態にもなりえるのです。

繰り返しになりますが、収益性はみなさん全員と関連する経営指標です。なぜならば、事業活動においてヒトが活動（仕事）すれば、必ず何らかのコストが発生します。収益は、売上からコストを引いたものです。したがって、コストが変化すれば当然、収益に影響を与えます。そこでもう１つお願いしておきたいことは、「自身が関わる指標だけの改善を考えてしまうと、全体最適の視点からは外れてしまう場合がある」ということです。みなさんはこうならないよ

●図表３－７　収益性を把握する経営指標

経営指標	計算式
売上高総利益率	（売上高総利益÷売上高）×100
売上高営業利益率	（営業利益÷売上高）×100
売上高経常利益率	（経常利益÷売上高）×100
売上原価率	（売上原価÷売上高）×100
売上高販管費比率	（販売費及び一般管理費÷売上高）×100

第3章 | 生産性向上のための経営指標

うに注意が必要です。

①売上高総利益率

これは、「ブランド力をあらわす経営指標」ともいわれています。そしてこの指標は、業種によって傾向があります。一般的に、商品に付加価値のつけにくい小売業や卸売業では低く、製造業では自社で製造することによって付加価値をつけやすく高くなります。

売上高総利益率を高めるためには、小売業や卸売業であれば、「仕入単価を下げる」「販売単価を上げる」ことが必要になります。製造業であれば、できるだけ「製品を製造するコストを下げる」努力をしなければなりません。一例として、「経営環境の変化で材料仕入コストが上がり、競合企業で値引きがあり販売単価を下げなければならない状況の打破」を目的に、売上高総利益率を自社の目標と

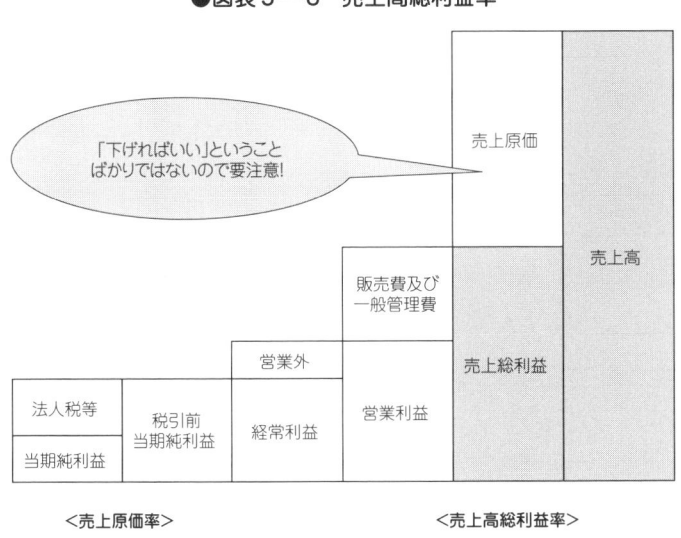

●図表3-8　売上高総利益率

「下げればいい」ということばかりではないので要注意！

＜売上原価率＞

$$\frac{売上原価}{売上高} \times 100$$

＜売上高総利益率＞

$$\frac{売上総利益}{売上高} \times 100$$

して設定したりするのです。

②売上高営業利益率

これは、「本業の利益」をあらわす指標です。この指標がプラスになっていないと、「営業活動の成果が生まれていない」ことになります。売上高営業利益率を大きくプラスにするためには、販管費用比率を下げる努力をしなければなりません。

「本業できっちり儲けよう」という意味から、売上高営業利益率も目標として採用している企業は少なくありません。一方、実態として思いのほか多く、その意味でみなさんに気にして欲しいのは、「競合企業に比べ販管費用比率がかかり過ぎている」場合です。ムダな販売費及び一般管理費が発生している会社は要注意。実は「本

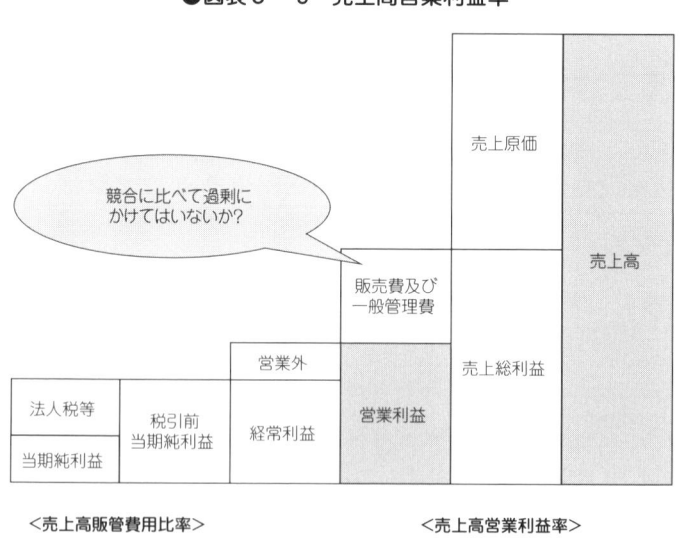

●図表3－9　売上高営業利益率

競合に比べて過剰にかけてはいないか？

<売上高販管費用比率>

$$\frac{販売費及び一般管理費}{売上高} \times 100$$

<売上高営業利益率>

$$\frac{営業利益}{売上高} \times 100$$

業できっちり」ではなく、販売費及び一般管理費の状況から「改善しなければならない」ということで、売上高営業利益率を目標として採用している企業もあるのです。

③売上高経常利益率

これは、売上高営業利益率に対して「営業外の取引を加味したもの」になります。売上高営業利益率よりも売上高経常利益率のほうが高い場合、「本業以外の儲けがある」ということです。逆に、売上高営業利益率よりも売上高経常利益率が低ければ、「銀行などからの借入金が多い」ことなどが把握できます。売上高経常利益率を目標設定にしている会社の一例としては、「金融機関からの借入が多く、返済を加速したい」などといった場合があります。

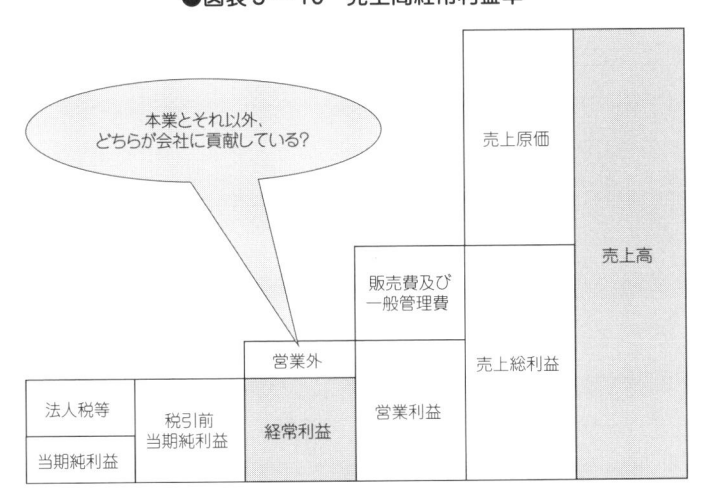

●図表3-10　売上高経常利益率

<売上高経常利益率>

$$\frac{経常利益}{売上高} \times 100$$

(2)「短期支払能力」を把握する経営指標

　ここで紹介する指標もまた、企業内の多くの部門と関連するものです。ここでもわかりやすく（"支払能力"とあると、みなさんがイメージされたのではないかと思われる）経理部門を挙げてみましょう。

　「短期の支払能力が低い」ということは、「短期的に支払いをするためのお金が十分ではない」状況です。となると、経理部門は「借入金をするために銀行との交渉をする準備」をしなければなりません。逆に「短期の支払能力が高い」のであれば、「短期借入金を返済する計画を立てる」ことが経営効率上では必要です。

　もう1つ、たとえば自社が「在庫が多くて資金繰りが厳しい」という状況であったとしましょう。この場合、在庫を管理する部門は

●図表3－11　「3つの塊」から「5つの塊」へ分ける

資産	負債
	純資産

⇒

流動資産 （1年以内に現金化される資産）	流動負債 （1年以内に支払わなければならない負債）
	固定負債 （1年超かけて支払う負債）
固定資産 （1年超使用する資産） （1年超保有する資産）	純資産

「流動」と「固定」は対象となる期間の差
流動＝1年以内
固定＝1年超

在庫の内訳を調べ、営業部門は重点的に販売する商品を決めなければなりません。そうすることによって、短期的支払能力の底上げに貢献することができます。

　直接的、間接的に関わり方は違うかもしれませんが、みなさんはこれらの指標から「自社の短期の支払能力」を把握できますので、「資金繰りをよくするために貢献できることは何か」を考え、活動を行うことが、全体最適につながるのです。

　それでは短期支払能力を把握する経営指標を見ていきましょう。この指標を見るためには、貸借対照表の3つの塊を5つの塊に分ける必要があります。これを示したものが図表3－11です。資産と負債をそれぞれ「流動」「固定」の2種に分け、純資産はそのままです。これで計5つです。

●図表3－12　短期支払能力を把握する経営指標

経営指標	計算式
流動比率	（流動資産÷流動負債）×100
当座比率	（当座資産÷流動負債）×100

①流動比率

　これは「短期の支払能力」を見る指標です。「流動負債＜流動資産」であれば、「短期の支払能力が高い」ということになります。したがって、「100％以上」が望ましい状態です。業種によって異なりますが、国内では一般的に「150％以上」が優良とされ、米国では「200％以上」が基準とされています。

　これが「100％を切っている」ということになると、「短期の支払能力が厳しい」ということです。そこで、「金融機関などからお金を調達する必要がある」ことが理解できると思います。その意味で、

流動比率を業績目標に設定している企業は、短期的な資金繰りに苦しんでいる、あるいは不安がある場合が多くなっています。

ただ、「100％以上ある」からといって、安心してはいけません。なぜならば、流動資産の中には在庫が含まれているからです。在庫は売れればお金になりますが、売れなければ当然、お金にはならず、資金繰りを悪化させてしまいます。業種がなんであれ、経理部門はもちろんのこと、営業や物流、資材など在庫管理を担う部門は、管理対象の在庫が不良在庫とならないよう注意が必要です。

不良在庫を抱えている場合、流動比率が100％以上あったとしても、まったく安心できません。そこで小売業や卸売業、製造業などに代表されるように、在庫を保有することが"当たり前"の業界や企業においては、当座比率でも分析することが必要になります。

●図表3－13　流動比率

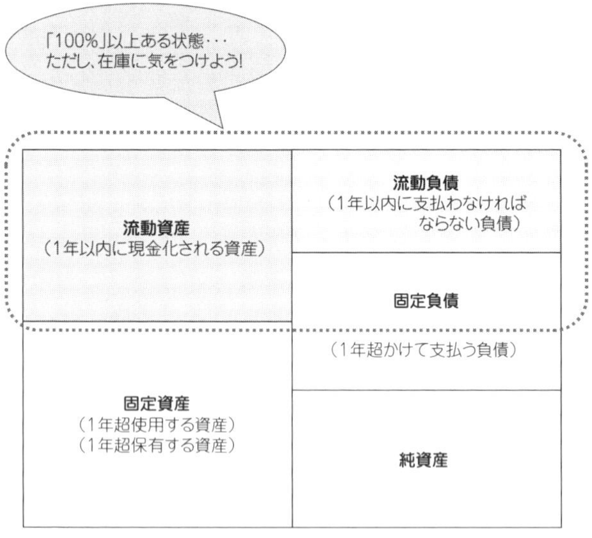

「100％」以上ある状態…
ただし、在庫に気をつけよう！

流動資産 （1年以内に現金化される資産）	流動負債 （1年以内に支払わなければならない負債）
固定資産 （1年超使用する資産） （1年超保有する資産）	固定負債 （1年超かけて支払う負債）
	純資産

〈流動比率〉　$\dfrac{\text{流動資産}}{\text{流動負債}} \times 100$

②当座比率

これは、流動比率よりも厳しく短期の支払能力を見ていくことができる指標です。当座資産とはちょっと小難しさを感じる言葉ですが、当座資産は「流動資産から材料、製品、商品などの在庫を除いたもの」。つまり、「在庫を除いても短期の支払能力があるか」を判断する指標です。したがって、在庫が多い企業の場合、流動比率が100％を超えていたとしても、当座比率で100％を割ってしまうことがあります。

当座比率を業績目標に設定している企業は、タイプとして「在庫が不良在庫となりやすい」、つまり環境変化に影響を受けやすいところが多くなっています。当座比率が100％を切っている状況では、当然のことながら在庫管理を徹底しなければなりません。たとえば在庫責任を営業部門以外で担っている場合、在庫管理部門は営業に対して働きかけたり、日常的に販売状況を気にしておく必要があるといえます。

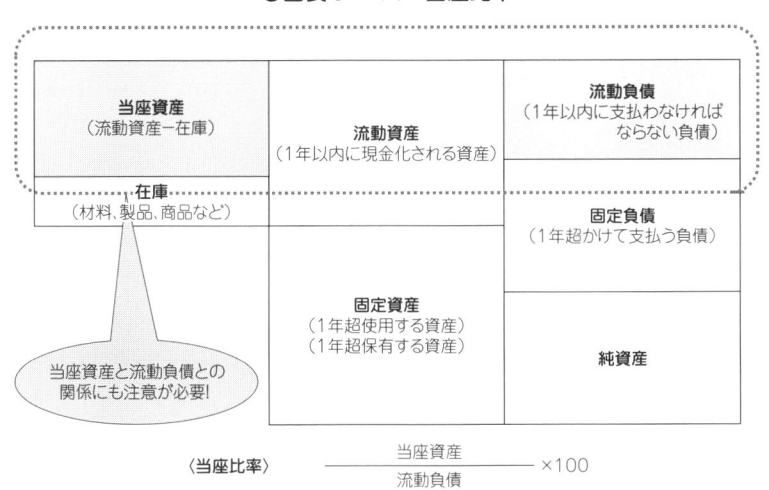

●図表3－14　当座比率

当座資産 (流動資産－在庫)	流動資産 (1年以内に現金化される資産)	流動負債 (1年以内に支払わなければ ならない負債)
在庫 (材料、製品、商品など)		固定負債 (1年超かけて支払う負債)
当座資産と流動負債との 関係にも注意が必要!	固定資産 (1年超使用する資産) (1年超保有する資産)	純資産

〈当座比率〉　$\dfrac{\text{当座資産}}{\text{流動負債}} \times 100$

(3)「安全性」を把握する経営指標

　ここで紹介する指標もまた、全社員と関わっています。一見では「関係ないな」と思われる方のほうが多いと思いますが、こうした関係が見えてくる、理解できるようにしておくことが大切です。

　ではどのように関わりがあるのか。図表3－15にある安全性をあらわす経営指標を確認してください。すべての指標に純資産が含まれています。この純資産に、みなさんが関わっている理由があります。

　純資産の内訳の主な項目は、資本金（＝株主から調達したもの）、利益剰余金（＝設立以来の積立利益）です。ここでお気づきの方もいると思いますが、利益剰余金はみなさんの活動と密接に関わりがあります。利益剰余金を増やすためには、最終利益である当期純利益を十分に出さなければなりません。つまり、みなさんの活動、業務次第で利益剰余金は変わってきます。

　みなさんは、会社の安全性が悪い場合、全体最適も追求するために、日頃の活動の生産性を高め、安全性を高めていかなければなりません。

　固定資産についても同様に、みなさんは関係があります。仕事をする上で、何らかの形で必ず固定資産を使っているはずです。オ

●図表3－15　安全性を把握する経営指標

経営指標	計算式
自己資本比率	{※純資産÷(負債＋純資産)}×100
固定比率	(固定資産÷純資産)×100
固定長期適合率	{固定資産÷(純資産＋固定負債)}×100

※純資産は自己資本になります。

フィス、工場、機械、自動車など、これらは固定資産です。固定資産は基本的に、長期にわたって使っていくものです。その固定資産を安全な資金で賄えているのかどうか。もし、賄えていないのであれば、遊休固定資産（＝ムダな固定資産）がないか、積極的に検討していくことが、生産性向上に大きく貢献します。

①自己資本比率

この指標によって、「資産運用するお金をどのように調達しているのか」を知ることができます。自己資本比率が高いということは、「内部調達している割合が高い」ということです。一般的には、自己資本比率が40％を切ると「安全性が低い」とされています。

第2章でも説明しましたが、自己資本比率を高める方法は、「負債を返済する」か「増資をする」、あるいは「当期純利益を増やす」ことです。したがって、自己資本比率が低い企業は、この3つの方

●図表3－16　自己資本比率

流動資産 （1年以内に現金化される資産）	流動負債 （1年以内に支払わなければならない負債）
	固定負債 （1年超かけて支払う負債）
固定資産 （1年超使用する資産） （1年超保有する資産）	純資産 （安全な資金で調達） ・資本金（株主からの払い込み） ・利益剰余金（会社設立以来の積立利益）

（利益剰余金はみなさんの活動次第！）

〈自己資本比率〉

$$\frac{純資産}{（負債＋純資産）} \times 100$$

法を考えて自己資本比率を高める努力をしています。自己資本比率が低いと、投資家や銀行、取引先などのステークホルダーから「外部調達に依存した経営をしているな」と見られしまう場合があります。これは「自力では資本の手当てができない」、つまり「事業活動からは儲けを生み出すことができない」との悪い評価です。そのため、ステークホルダーを意識して、自己資本比率を業積目標指標としている企業があります。

②固定比率と固定長期適合率

固定比率は、「固定資産を安全な資金で賄えているかどうか」を判断する指標です。この指標が100％以下であれば「長期的に保有、使用する固定資産を安全な資金で賄えている」ことになり、"安全である"と判断します。固定比率は、遊休資産が多い企業などが目標指標として設定するケースが多くなっています。

●図表3−17　固定比率

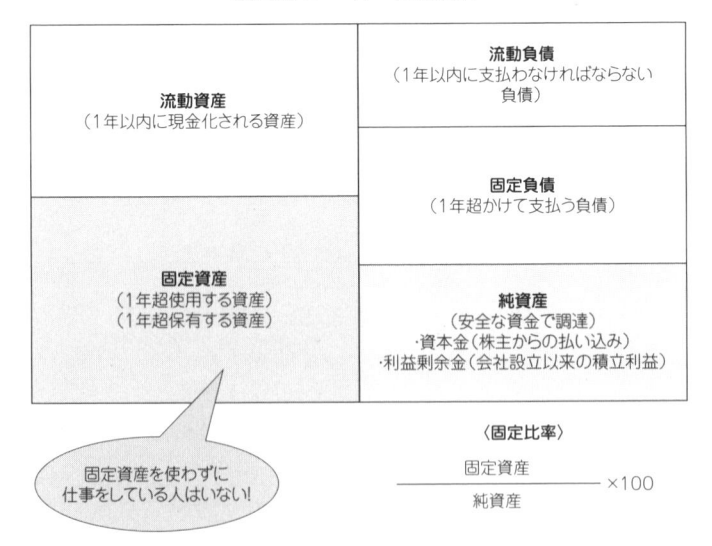

流動資産 （1年以内に現金化される資産）	流動負債 （1年以内に支払わなければならない負債）
	固定負債 （1年超かけて支払う負債）
固定資産 （1年超使用する資産） （1年超保有する資産）	純資産 （安全な資金で調達） ・資本金（株主からの払い込み） ・利益剰余金（会社設立以来の積立利益）

（固定資産を使わずに仕事をしている人はいない！）

〈固定比率〉

$$\frac{固定資産}{純資産} \times 100$$

固定比率が100％以上になってしまうと「安全ではない」のかというと、そうとは限りません。この指標も業界によって差が出てきます。電力業界、ガス業界、鉄道業界などはインフラ整備が不可欠のため、どうしても固定資産が多くなります。このような業界ではこの指標が200％を超える場合もあります。こうした場合、次の固定長期適合率を使って安全性を把握することができます。

　固定長期適合率と固定比率の違いは固定負債です。固定長期適合率には、固定負債が追加されています。

　固定負債としてみなさんがイメージしやすいと考えられるのは、長期借入金でしょう。長期借入金は銀行から調達しているものです。逆に銀行から見れば、「長期的に貸し出しをしている」ことになります。銀行としても、長期の貸し出しにはリスクが伴いますので、「この企業は安全だ」と判断できなければ、貸し出しを行いません。

●図表3－18　固定長期適合率

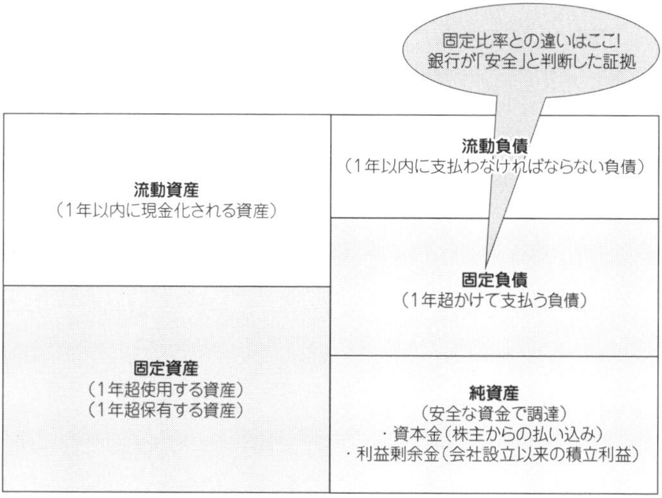

固定比率との違いはここ！
銀行が「安全」と判断した証拠

流動資産
（1年以内に現金化される資産）

流動負債
（1年以内に支払わなければならない負債）

固定負債
（1年超かけて支払う負債）

固定資産
（1年超使用する資産）
（1年超保有する資産）

純資産
（安全な資金で調達）
・資本金（株主からの払い込み）
・利益剰余金（会社設立以来の積立利益）

$$\langle 固定長期適合率 \rangle \quad \frac{固定資産}{(純資産＋固定負債)} \times 100$$

つまり、固定負債である長期借入金は、「銀行が安全だと判断したからこそ調達できている」と考えることができます。このことから、固定負債についても純資産と同様の扱いをしているのです。

固定比率で100％以上であったとしても、固定長期適合率で100％以下であれば、「安全な資金で運用できている」と考えることができます。

(4)「効率性」を把握する経営指標

効率性の指標もまた、多くの部門と関連性があるものです。営業部門、製造部門、資材調達部門、経理部門などを中心に、「資産効率はよいのか」「商品を仕入れた後に何日後に販売されるのか」「販売後お客さまから何日後にお金を回収しているのか」「仕入業者に何日後に支払っているのか」などを把握することができます。

実践者のみなさんは、自社全体としての効率性を把握した上でその状況を部門、個人に落とし込み、その改善を行わなければなりません。そのためには、競合企業との効率性の比較分析、ベンチマーキング、あるいは異業種も対象としたベストプラクティスを通じて、業務そのものの改善、生産性向上を継続することが重要です。

●図表３－19　効率性を把握する経営指標

経営指標	計算式
総資産回転率	売上高÷資産
棚卸資産回転日数	棚卸資産÷(売上原価÷365日)
売上債権回転日数	売上債権÷(売上高÷365日)
仕入債務回転日数	仕入債務÷(売上原価÷365日)

※棚卸資産：材料、製品、商品など
※売上債権：売掛金、受取手形
※仕入債務：買掛金、支払手形

①総資産回転率

　この指標は、「資産を有効活用しているかどうか」を判断する指標です。総資産回転率はその値が高ければ「効率的に資産を使っている」ということになります。ただし、この総資産回転率にも、業界の特性差があります。

　一般的に総資産回転率は、製造業では1回転を切り、小売業や卸売業では2～3回転と高くなる特徴があります。なぜこのように業界によって違うのか、みなさんはおわかりですか？

　製造業の場合、工場などの多額の設備投資が必要となるため、資産は大きく膨らんでしまいます。また、「材料を仕入れてから加工し販売する」まで時間がかかるので、資産効率が悪くなります。それに対して小売業や卸売業では基本的に、「仕入れて加工することなく販売できる＝この時間が短い」ので、資産効率がよくなります。

　このことから、製造業において総資産回転率を2～3回転に上げることは、事業構造上、難しくなります。総資産回転率を業績目標

●図表3－20　総資産回転率

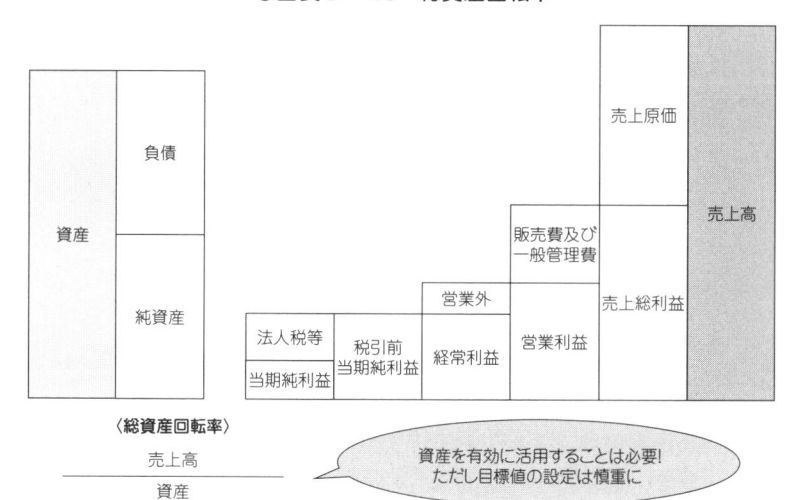

〈総資産回転率〉

$$\frac{売上高}{資産}$$

資産を有効に活用することは必要！
ただし目標値の設定は慎重に

指標にする場合には、自社の業界や競合企業の状況を加味した上で目標値を設定することが必要です。

②棚卸資産回転日数、売上債権回転日数、仕入債務回転日数

　棚卸資産回転日数、売上債権回転日数、仕入債務回転日数を小売業の例で考えてみます。

　「商品を仕入れ、お客さまに販売する」。この「仕入～販売」までの日数を棚卸資産回転日数と言います。棚卸資産回転日数が長い場合には、仕入部門であれば棚卸資産回転日数が長い商品を把握、その上で営業部門から現場の声（販売状況）を聞き、仕入計画を再検討します。

　売上債権回転日数は、「販売～現金を回収する」までの期間です。売上債権回転日数が長くなっている場合、経理部門は債権回収ができていない可能性がある販売先リストを作成、営業部門に連絡して債権を早期に回収できるよう調整します。

　「仕入～その支払いをする」までの期間が仕入債務回転日数です。この日数は取引先との交渉でおおよそ決まります。たとえば、仕入部門は早い支払いを約束することで、価格を下げることができるかもしれません。しかし、自社の資金繰り状況を考えた上で、支払日数を調整することが必要です。安くなるからといって現金の支払いを早めてしまうと、資金繰りが悪化し、最悪倒産を招く可能性もあります。

　そのような事態を引き起こさないためにも、棚卸資産回転日数、売上債権回転日数、仕入債務回転日数はセットで考える習慣をつけてください。このセットの指標によって、「企業のキャッシュ不足日数」を把握することができます。

　キャッシュ不足日数の計算式は、次のようになります。

（棚卸資産回転日数＋売上債権回転日数）－仕入債務回転日数
＝キャッシュ不足日数

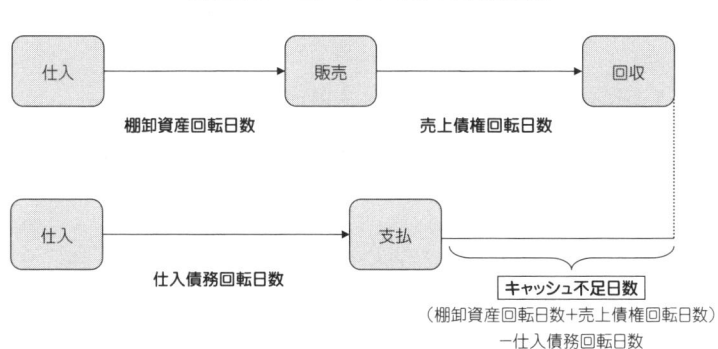

●図表3－21　キャッシュ不足日数

```
[仕入] →――――→ [販売] →――――――→ [回収]
         棚卸資産回転日数       売上債権回転日数

[仕入] →――――――――――→ [支払]
         仕入債務回転日数
                              ｜キャッシュ不足日数｜
                              （棚卸資産回転日数＋売上債権回転日数）
                              －仕入債務回転日数
```

　この不足日数が長い企業は、自社にお金がなければ銀行からの支援を受けなければなりません。不足日数が長くなる傾向にある企業はその業績目標指標として、この数が少なくなるように"回転日数3点セット"を設定しています。ただし、ここでもまた、業界によってどうしても「キャッシュ不足日数が長い」場合があります。さて、どのようなタイプの業界が該当すると思いますか？

　それは「景気が悪くなると倒産しやすくなる業界」で、不動産や建設などが代表的です。こうした業界は、販売対象の取得や建設に、当初から莫大な資金が必要となります。さらにその完成まで、また販売してお金が入ってくるまでの期間が長期にわたるため、もともとキャッシュ不足日数が他の業界よりも長いのです。そこに景気が悪くなることによって、銀行の支援などを受けにくくなる、さらに景気の悪化は売上の低下を招き、倒産してしまうわけです。

　企業としてキャッシュ不足日数を短くするためには、経理部門、営業部門、仕入部門それぞれの努力が必要です。ただし、部門最適

の視点で「不足日数を短くすることだけ」を考えてしまうと、会社の成長や取引先に影響が出る場合もあります。そこで、部門間の情報を共有化"させる"ことも含め、能率10訓の実践者のもう1つの視点、全体最適をもって取り組まなければならないのです。

(5)「会社全体」を把握する経営指標

ここで紹介する指標もまた、全社員に関わりがあるものです。分子に経常利益、当期純利益などを使用しているので……ここまで読み進めていただいたみなさんには、もう関わりがあることがおわかりだと思います。この2つの指標は、実践者として自社の全体最適を把握するために、必ず押さえておきたいものでもあります。

●図表3－22　会社全体を把握する経営指標

経営指標	計算式
ROA (return on assets)	（経常利益÷資産）×100
ROE (return on equity)	（当期純利益÷純資産）×100

ROAとROE。前者は「経営者視点から会社全体の状態を把握する」指標、後者は「株主視点から会社を把握する」指標ということができます。

ROAが意味しているのは、「資産が有効活用されてどれぐらい経常利益が生まれているのか」です。そこでROAを経営活動全体の総合評価指標として設定している企業があります。ROAは図表3－23のように、2つの指標（売上高経常利益率と総資産回転率）から

成り立っています。そこで、ROAを業績目標としている会社は、売上高経常利益率と総資産回転率に分け、それぞれの指標を高めることによって、結果的にROA向上につながるような計画や施策を検討しています。ROAは言い換えると、「企業全体の最適を考えながら部分の最適の追求を行う方向性を考えることができる」指標であるわけです。

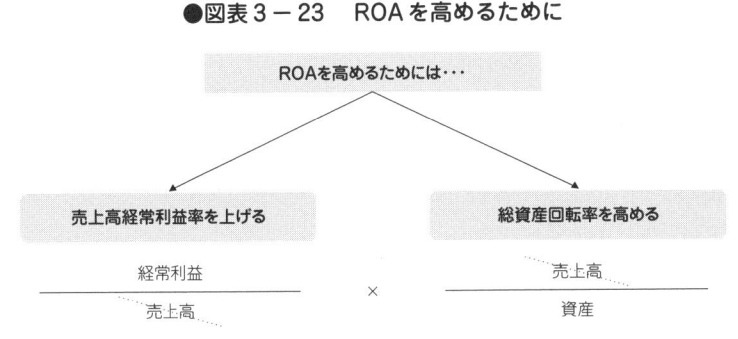

●図表３－23　ROAを高めるために

```
              ROAを高めるためには…
                ／            ＼
    売上高経常利益率を上げる     総資産回転率を高める
        経常利益          ×        売上高
        ─────                      ─────
        売上高                      資産
```

ROEは、「株主のお金が有効活用され、最終利益である当期純利益に結びついているのか」を把握する指標です。「株主視点から会社を評価する指標」として知られています。「ROEが高いこと」は、株主や投資家に対してアピールする材料となるので、経営企画部門などは「高めたい」と考えるわけです。

ROEの注意点が１つあります。それは、「純資産が少なくなればROEは上がる」ということです。ROEを高めることだけに目がいってしまうと、経営上のリスクは逆に高まってしまいます。「安定した株主を確保したい」などの"想い"から、ROEを設定する気持ちはわかります。しかし、機関投資家などが短期的利益を過剰に求めてしまう、それを煽るようなことは、長期的視点に立った経営ができなくなり、かえって経営を悪化させてしまう危険性があるのです。

●図表3－24　ROE

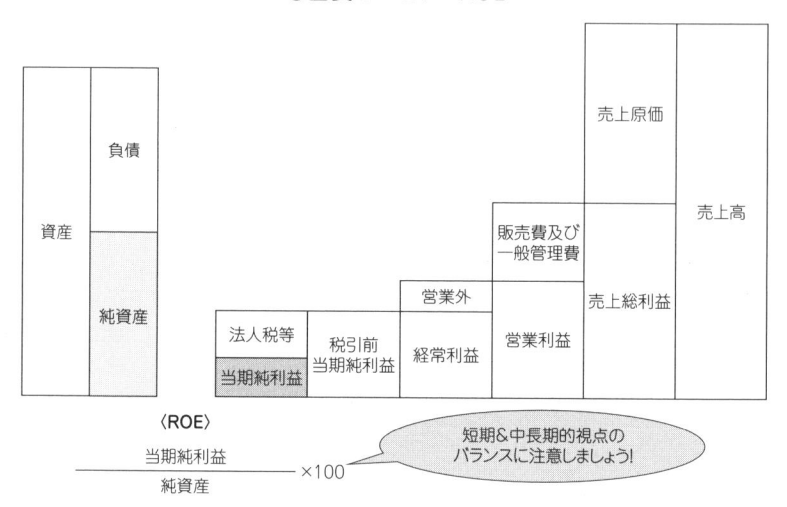

〈ROE〉

$$\frac{当期純利益}{純資産} \times 100$$

短期&中長期的視点のバランスに注意しましょう!

7 会計でのコミュニケーション
～会計を共通言語に！！～

　決算書や経営指標を経営者とみなさんが共通の言語として使えるようになることは、「経営のスピードを上げる」という生産性向上の視点からも非常に有効なことです。

　たとえば、今期の目標の1つとして「固定比率の低減」が掲げられていたとします。こうしたとき多くの場合は、経営企画部あるいは経理部などから「○○や××の使用頻度、稼動状況を調査し、報告してください」といった指示だけが出てきます。それを受けたみなさんは、「この忙しいのに何でこんなことを……」ということになってしまうのではないでしょうか。また、直接「固定比率が高くなっているので、遊休資産がないかどうかをチェックしてみてください」との指示を受けた際に、もし、みなさんが固定比率の意味を知らなければ、当然、固定比率と遊休資産がどのように"つながって"いるのかはわからないと思います。その都度、勉強するという手もありますが、本書を機会に指標の意味を理解してしまいましょう。

　　　　　　　　　　＊　　　＊　　　＊

　経営者がいくら高い問題意識をもっていても、みなさんに伝わらなければ会社全体の生産性は向上しません。反対に、経営者が決算書を分析できなければ、当然のことながら、それはより大きな問題です。本書は、「経営者および経営幹部が決算書を分析でき、それに基づいた経営目標が設定されている」ことを前提としています。もし、みなさんの会社の経営層が決算書の理解、分析ができないのであれば……、そんなことはないと信じています。

少なくとも、今後、みなさん自身や部下の方が研修を"受けさせられる"機会があったときには、「なんで財務研修をいまさら受けなければならないの？」などとは思わない、思わせないようにお願いします。

⑧ 全体最適と部分最適は背反しない
〜全体最適をふまえた部分最適追求を〜

「会計でのコミュニケーションができる」。これは、経営者から一社員まで全員が自社の状況を認識しており、「何が問題で何をしなければならないのか」までが共有できているということです。

ただそうはいっても「自分の部、課の最適を図ることが重要で、結果として会社全体の最適につながるのだ」と考えている方が多いと思います。たしかに、部、課の最適が会社全体の生産性向上につながることもありますが、会社全体の生産性向上につながらない場合があるのです。

*　　　*　　　*

では、「部門の最適が全体最適につながらない例」を見ていきましょう。

	×1年度	×2年度
売上高	1,000万円	2,000万円
売上高総利益率	30%	35%
営業利益率	5%	10%

この企業は「洋服の製造・販売」をしているとします。みなさんは、この企業の経営状況をどのように評価しますか？

みなさんの評価：

売上は倍増、かつ、それぞれの利益率も高まっているので、この企業を「良い」と判断されている方が多いのではないでしょうか。ここまでの指標だけからすれば、「良い」と判断することができるでしょう。

　それではこれに、以下の指標を加えた場合、みなさんはどう評価しますか？

	×1年度	×2年度
棚卸資産回転日数	30日	100日
売上債権回転日数	30日	95日
仕入債務回転日数	50日	50日

みなさんの評価：

　「資金繰りが厳しいな」ということがわかると思います。キャッシュ不足日数は、「×1年度＝10日」、「×2年度は145日」となってしまいます。この企業が「銀行からの融資を受けることができない」、または「自社にお金を十分保有していない」場合には、倒産してしまいます。これが黒字倒産です。部門最適だけを優先してしまった結果、黒字倒産を招いた企業は現実としてたくさんあります。

　営業部門としては、売上が倍に増えて喜んでいるかもしれません。製造部門も、安く材料を仕入れて生産効率がよくなり、売上高総利益率を高めることができたと、喜んでいるかもしれません。しかし、会社全体から見れば、在庫を大量にもつことで棚卸資産回転日数が長くなり、売上債権の回収もまた長くなることで、資金繰りが悪化

してしまっています。

　ここで挙げたのは1つの例に過ぎません。繰り返し述べてきましたが、「部門や個人にとって最適な活動が、会社全体としては最適にならないことがある」ということを忘れないでください。この考え、つまり全体最適を考えた上で部分最適を追求するということを理解し実践することが、大切なのです。

第4章

生産性向上への アプローチ

~部門の業務を見直す~

1 会社は"業務の塊" 〜バリューチェーンの意味を確認しよう〜

　第3章では、みなさんの仕事や部門としての業務と、全社との関係を経営成果、つまり会社の成績を示す経営指標の視点から見てきました。経営成果、業績（それを示す経営指標）といわれるものは、みなさんの個々の仕事と"つながっている"ということを確認してきたわけです。

　このことをまさに意味しているのが、図表4－1のバリューチェーン（value chain：価値連鎖）という考え方です。バリューチェーンは本来、「全体最適を視野に入れた戦略、業務オペレーションなどの差異化を検討するためのフレームワーク」です。ここでは差異

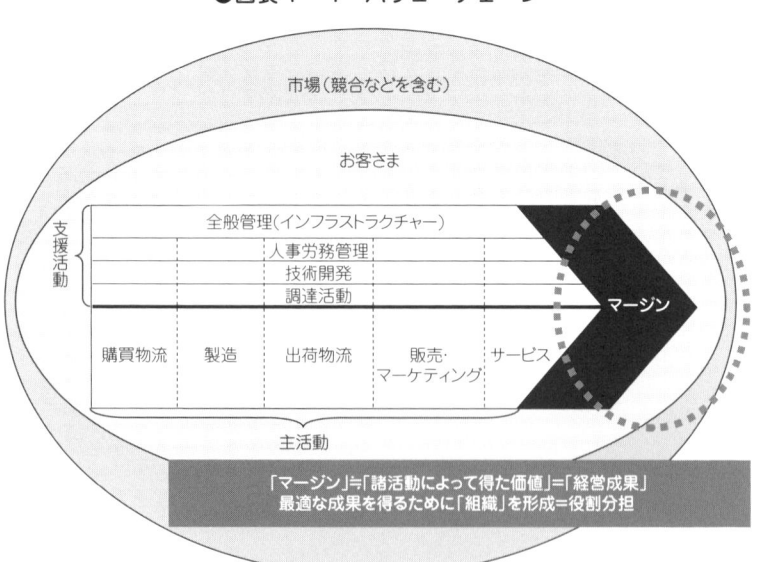

●図表4－1　バリューチェーン

（市場（競合などを含む）／お客さま／支援活動：全般管理（インフラストラクチャー）、人事労務管理、技術開発、調達活動／主活動：購買物流、製造、出荷物流、販売・マーケティング、サービス／マージン）

「マージン」≒「諸活動によって得た価値」=「経営成果」
最適な成果を得るために「組織」を形成=役割分担

図中央：参考『競争優位の戦略』M.E. ポーター著／ダイヤモンド社（1985年）

第4章 生産性向上へのアプローチ

●図表4-2　会社は「業務の塊」

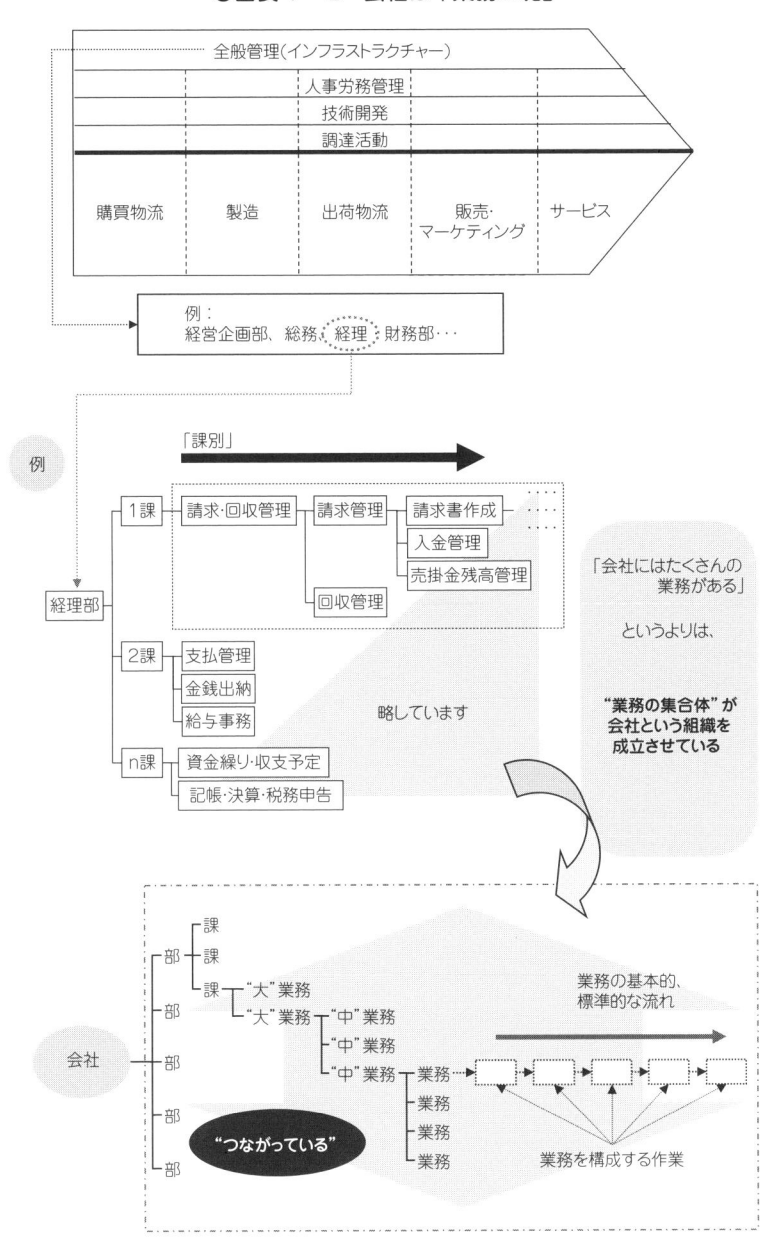

| 全般管理（インフラストラクチャー） |
| 人事労務管理 |
| 技術開発 |
| 調達活動 |

| 購買物流 | 製造 | 出荷物流 | 販売・マーケティング | サービス |

例：
経営企画部、総務、経理、財務部…

例

経理部
- 1課 ─ 請求・回収管理 ─ 請求管理 ─ 請求書作成
　　　　　　　　　　　　　　　　　　入金管理
　　　　　　　　　　　　　　　　　　売掛金残高管理
　　　　　　　　　　　　回収管理
- 2課 ─ 支払管理
　　　　金銭出納
　　　　給与事務
- n課 ─ 資金繰り・収支予定
　　　　記帳・決算・税務申告

「課別」

略しています

「会社にはたくさんの業務がある」

というよりは、

"業務の集合体"が会社という組織を成立させている

会社
- 部 ─ 課
　　　 課
　　　 課 ─ "大"業務
　　　　　 "大"業務 ─ "中"業務
　　　　　　　　　　 "中"業務
　　　　　　　　　　 "中"業務 ─ 業務
　　　　　　　　　　　　　　　　業務
　　　　　　　　　　　　　　　　業務
- 部
- 部
- 部
- 部

"つながっている"

業務の基本的、標準的な流れ

業務を構成する作業

107

化の検討の仕方などについては述べません。みなさんには、全体最適と部分最適の関係を常に意識しつつ、生産性向上のアプローチを多面的に考え読み進めていただきたいという位置づけです。

　バリューチェーンで描かれている技術開発、販売・マーケティングといった諸活動は、「ウチの会社では、ほぼこのまま部門として設定されている」という場合もあるでしょう。一般的には、さらに細分化された形式で部門が設定されている、つまり役割分担がなされているケースのほうが多くなっています。いずれにせよ、全社における役割としては1つの機能を担う部門であったとしても、業務としては複数、多岐にわたっており、日々こなしているはずです。

　このことを反対から言い換えると、「会社は業務の塊」であり、経営成果はみなさんの仕事の集大成であるということです（図表4－2）。部門としての最適化を果たす、つまり部門としての生産性を向上することで、全社としての生産性向上にもつながっていくことが望ましい形です。したがって、部門（部分）最適は、全社（全体）最適に整合していることが大前提です。この整合性を意識しつつ、時には整合性を図るための調整や修正もしながら、全社、組織全体としての生産性向上を目指していくことが大切なのです。

第4章 生産性向上へのアプローチ

② 部門本来の機能を確認する
～自分の部門が果たすべきことは何か～

　さて、ここからは実際の業務活動における生産性を向上させるための手順、方法を図表4－3の流れに沿って紹介していきます。
　はじめに考えていただきたいのは、「自部門の機能は何か」ということです。ここでいう機能とは、「組織から期待されている役割」、

●図表4－3　生産性向上へのアプローチ

```
乖離?            バリューチェーンにおける
  ↘             あるべき/果たすべき役割
                 （本文P.106～108）
                        ↓
実際の業務 ----→      業務の棚卸              業務の改善／標準化
                 （本文P.112～116）                  ＋
                        ↓                  マネジメントポイントの抽出
                  業務の「見える化」①
                   プロセスマップ
                 （本文P.117～120）
                        ↓
                  業務の「見える化」②
                  時間測定による現状把握
                 （本文P.121～122）
                        ↓
                  業務のお客さま確認
                 VOC:目指すべき業務改善目標
                 （本文P.123～129）
                        ↓
 プロセスマップを    ボトルネック特定
 活用した改善の     改善優先順位の検討
 基本的考え方      （本文P.139～151）
（本文P.134～138）       ↓
                    改善策の検討
                 （本文P.152～157）
                        ↓                  日々のマネジメント／
                  （標準化の完了）            育成支援           → 第5章
                        ↓                 教育としての標準化
                                           働きかけなど
                 成果維持、継続的生産性向上のための注意点
                 （本文P.158～160）
```

あるいは「組織内に存在している意義」を意味しています。バリューチェーンの原型(図表4-1)を雛型に、組織全体をイメージして考えてみましょう。

＊　　　＊　　　＊

では改めて、質問します。

<質問>　みなさんの「部門の機能」は何ですか？

自部門の機能とは？：

「そんなこと、いちいち確認しなくてもわかっている」という声も聞こえてきそうです。そう思われたみなさん(そうは思われなかった方も)、上記の質問で改めて考えてみた「部門の機能」を前提に、組織あるいは業務分掌(またはそれに該当する文書)や人事考課/目標管理などで設定されている部門の目標などを、能率10訓の実践者の視点で確認してみてください。「今、設定されている部門目標を達成したい/そのための業務改善をしたい」などの優先順位が高い方も同様に、それらの目標と「部門の機能」との関係の確認をお願いします。

コンサルティングの現場でこの確認をお願いした場合、「組織/業務分掌なんてあったっけ？」「存在は知っているが組織/業務分掌など見たことがない」というマネジャーの方々にお会いすることも、実は少なくありません。分掌には一般的に、その組織としての「仕事の役割分担」が書かれています。これを知らずして、果たして仕事はできるものなのでしょうか。

一方で、実際に確認してみると、次のような場合があります。

①組織／業務分掌（またはそれに該当する文書）がない

②組織／業務分掌はあるが、内容が古いまま

①は上場企業では内部統制への対応もあり"ありえないこと"、非上場の企業でも"ほとんどないこと"でしょう。しかし②は、電子化が進んでいる、つまり、紙の時代に比べると、改版が容易になった今でもかなり多いケースです。

②というのは、「現在、部門でやっている仕事と分掌の記述内容が違う」という状況を示しています。事業環境などが変われば、それに合わせて「仕事の範囲が変わっていく／変えていく」ことはある種自然なことです。しかし、そうした変化が「組織の合意をもって行われていない」ということであるとすれば、全社としては「必要な業務についてモレ・ダブリ」がある可能性が高まります。

さらにここに人事考課や実務で、すでに設定されている目標を照らし合わせてみると、残念なことに「組織／業務分掌と目標がどうも合致していない……」というケースさえ散見されます。

これらのことは、特に直近で具体的な部門の業務改善目標をもっている読者の方にとっては、「それはまた別の機会に」ということになるでしょう。しかし、こうした事実については、「実践者のみなさんが自ら組織に対して働きかけるべき課題」として捉えてください。「設定されている役割／目標と、実際の業務」に一貫性や整合性がないのだとすれば、みなさんの日頃の活動や努力はムダであったり、ムリを強いることになったり、そもそも組織内にムラが蔓延していることにほかなりません。

第3章－7節（P.99）で説明した「**経営者および経営幹部が決算書を分析でき、それに基づいた経営目標**」があり、それがみなさんの部門の機能と合致していることを前提に、先を進めていきます。

3 「部門の業務」を改めて考える
〜業務の棚卸をしてみよう〜

　前節では「自分の部門が果たすべきことは何か」を改めて考えていただきました。それに対してここでは、「実際には何をしているのか」を整理・確認することを目的に**業務の棚卸**をしていきます。

　業種や担当している業務によって、棚卸という言葉には馴染みの「ある／ない」があると思います。一般的に棚卸とは、決算などの際に「商品・製品・原材料などの在庫を調査して数量を確かめること」です。また、売れ残りや備蓄用としてのいわゆる在庫に該当するものばかりでなく、企業が所有する各種資産（資金や土地・建物・設備など）の評価を含める場合もあります。

　ここでの対象は業務です。すでに業務の棚卸が済んでいる場合もあるでしょう。業務が列記され、部門内での役割分担を記した表を作成済みという職場も少なくないかもしれません。そうしたものがある場合は、後述するやり方を参考にして、その内容が最新（現状）を適切に反映できているかどうか、ヌケ・モレがないかどうかを確認してください。なお、ここではダブリが出てくる可能性があります。ダブリは生産性向上を進める上で第一の改善の対象となりますが、その実態も含め、ここではしっかり洗い出してください。

　棚卸完成のイメージは図表4－4です（これを「業務棚卸表」と呼ぶことにします）。ただし、これを最初から「キレイに入れる／作成する」ということは目指さないでください。また、図中でいくつか例示をしていますが、業務名称はみなさんが通常使用しているものに置き換えてください。

　具体的には、以下の手順で検討していきます。

＊　　　＊　　　＊

①まず、「部門（自分）の業務」を思いつくままでかまいません。列挙してみましょう。

②ある程度挙げることができたら、それらの内容の業務目的を意識しながら分類してみましょう。

③できあがった②にヌケ・モレがないかを確認し、不足していたものは追加し、その上で業務棚卸表を完成させてください。

●図表4－4　業務棚卸表

No.	業務名			
	大分類	中分類	小分類	
	計画	年次／月次など		……実務／実態に応じて細分化検討
		予算管理		
	営業	計画	（個人別など）行動計画検討	
		案件開拓	ターゲット（優先順位）設定	
			アポ設定	
			準備	
			訪問（ニーズ把握）	
		提案企画	提案内容検討	
			提案書作成	
			見積	
		提案		
		受注処理	受注手配	
			受注（失注）報告	
			請求指示	
	販売促進	プロモーション企画	対象選定	
			内容検討	選択した手段によって
			手段選択 ←	その後の手順が異なる場合には細分化
		プロモーション実施	…………	→「小分類以下」も検討
		結果評価	…………	
	その他	交通費精算		
		その他	…………	

※表は一例および一部を示したものです。
　実際の業務分担／状況によって異なります。

　業務棚卸表の大分類相当は、数として少ない場合もありますので心配はいりません。大分類の内訳が「中分類ばかりで小分類がない」ということもあるかもしれません。あるいは「大分類より細かく業務を分けることができない」という場合も、個別の企業やその組織

における分担上、ありえないことではありません。

　いずれのケースであっても、分類した業務が「具体的な作業手順（ワークフロー）に展開できるレベルの手前」となることを目指してください。言い換えると、業務の分類は「WHAT（目的・機能、対象）」で、「HOW（やり方、手順）の手前」を規定するということです。このレベルを志向すると、実際の業務によっては、分類をもう何段階か増やす必要が出てくる場合もありえます。

　①～③の手順は、みなさんがすべてを単独で行う必要はありません。部門（みなさんが任せられている単位）内のメンバーに依頼し、「現在行っている業務」を書き出してもらうというやり方も可能です。また、個々人に依頼する形式ではなく、複数あるいは全メンバーを集めて検討するやり方も、その後に着手する分析や評価、改善策の検討およびその実行を円滑に進めていくには効果的でしょう。

＊　　　＊　　　＊

　「よかった……部門としての業務の多くはメンバーに任せているので、細かいところまではわからないから」と、安心された方がいるでしょうか。該当する方は、ここで改めて業務把握のための現状確認もお願いしたいところです。もし、「自部門内でどのような業務が行われているのかわからない」という状況があるとすれば、「結果だけの管理」に偏ってしまっている可能性があります。

　「結果だけの管理」に偏重しているかどうかは、残念ながら、「何か悪いことが起こってから」でないと気づけません。たとえば部門内で何かトラブルが起こり、それを上司や他部門から「そんなことも管理していなかったのか！」と指摘されるようなケースです。また、対外的には顕在化しにくいタイプのムダや問題については、最後まで気づけないことすらあります。

　みなさんの知らないうちに、メンバーが他部門の仕事を好意的に

引き受けていたり、反対に押し付けられていたりなどはよくあることです。「部門の仕事を把握できていない」ということは、「部下が何をしているかわからない」に近い状態であること、つまり、みなさんの部門マネジメントには脆弱性があるということになります。実践者としては、今一度確認をお願いしたいところです。

＊　　＊　　＊

　そこで、業務の棚卸に際して、1つだけ避けていただきたいことがあります。それは、何の準備や"心の雛型"もなく、①〜③の検討をメンバーに丸投げすることです。「メンバーの自主性を……」と思う気持ちもあるでしょうが、マネジャーとして前節で確認した「部門としての機能」をもとに、部門として遂行しなければならない業務を"たたき台＝心の雛型"として用意した上で、メンバーとの検討に臨んでください。"心の雛型"と上述した通り、その内容をドキュメントとして提示することは必須ではありません。しかし、みなさんは部門をマネジメントする立場にあるわけですから、必ず準備だけはしておくことをお願いします。

＊　　＊　　＊

　さて、業務棚卸表は、ヌケ・モレなく完成できたでしょうか？おそらく、みなさんが作成した内容には、"足らないもの"があるはずです。それは「本来業務以外の業務」です。

　「本来業務以外の業務」とは、部門や個別の業務に関係なく、社員であれば共通的にしなければならないタイプの業務です。一般的には、勤怠に関連するようなもの、交通費の請求や稟議書など社内の手続き、行動計画に関わるようなものがこれに当たります。

　「本来業務以外の業務」は組織の一員としては当然、遂行しなければなりません。しかし、対外的、特にビジネス活動におけるお客さまに対しては、大きな価値／意味をもたないものも多く含まれて

います。その意味で、「本来業務以外の業務には、本来業務の生産性向上を果たすための工夫余地、改善対象として検討すべき部分が一般的には多い」ことを、ここでは理解しておいてください。そして、図表4－5のように「本来業務以外の業務」、あるいは「その他」として、業務棚卸表に付け加えておいてください。

●図表4－5　「本来業務以外の業務」の表記のしかた

No.	業務名		
	大分類	中分類	小分類
	販売	接客	照会対応（ご質問に対するご案内）
			在庫照会
			ご予約手続き
		レジ	現金対応
			クレジットカード対応
			ポイント取扱い
			金券等処理
			包装
	在庫管理	店頭在庫管理	
		バックヤード在庫管理	
		発注	既存取引先向け発注
			新規取引先向け発注
		入荷処理	検品
			棚詰め
	売上管理	現金管理	…………
		…………	…………
	清掃	フロア	…………
		化粧室	…………
		…………	…………
	その他	…………	…………

（「棚詰め」の小分類）店頭／バックヤード
実際の業務に応じて、小分類以下も分類

（その他）勤怠管理／その他

4 業務の「見える化」①
〜業務を「プロセス」で捉える〜

　「見える化」は、1つには「測れる化」として取り扱われ、定量的／客観的に数値であらわすことを指す場合があります。ここではもう1つの「見える化」である、簡単な図をもって業務を「可視化」します。

　いずれの「見える化」も、「頭の中だけで思考する」「文章を眺めて考える」といった方式ではなく、「複数の人たちが具体的に共有化し、検討する」ことを促進することが目的です。言い換えると、「本来は見えないものを"見える化"する」ということです。この目的をどうか忘れないでください。この点を「見える化＝作業を図で書きあらわす行為」との誤解が散見され、結果として、「図の完成＝検討の終了」に終わってしまうことがあります。

　「見える化」ということで、「ワークフロー（業務の作業内容を図示したもの）を作成するのか……」と、ガッカリした方もいるかもしれません。最終的に業務を標準化する、マニュアルを作成するといった段階では、ワークフローが必要になる場合がありますが、ここではまだ、そうした細かいレベルではありません。

　以下、「プロセスマップ」と呼ぶことにしますが、これは行動や作業内容を詳細に示した図ではなく、「その業務を遂行するために果たさなければいけない機能」を業務の流れに沿って示したものです。ワークフローよりも1つ上の"粗いレベル"と理解してください。ここでいう「機能」は、そこに"何らかの目的"があることを基本とします。「その業務を完遂するまでに必ず通らなければいけないポイント」と考えればよいでしょう。

「それにしても……」と心配する必要もありません。気づいた方もいると思いますが、先の業務の棚卸が適切にできていれば、プロセスマップはかなり完成に近い状態であるはずです。場合によっては、業務棚卸表の時点でワークフローが作成できるレベルになっているかもしれません。

　担当する業務の範囲やタイプ、みなさんが作成した内容によって、分類区分のどのレベルを使用するかは異なりますが、図表4－6のように考えてみてください。みなさんが作成した業務棚卸表では、「順番」は考慮されていなかった可能性もありますので、その点も注意した上でプロセスマップを検討してください。

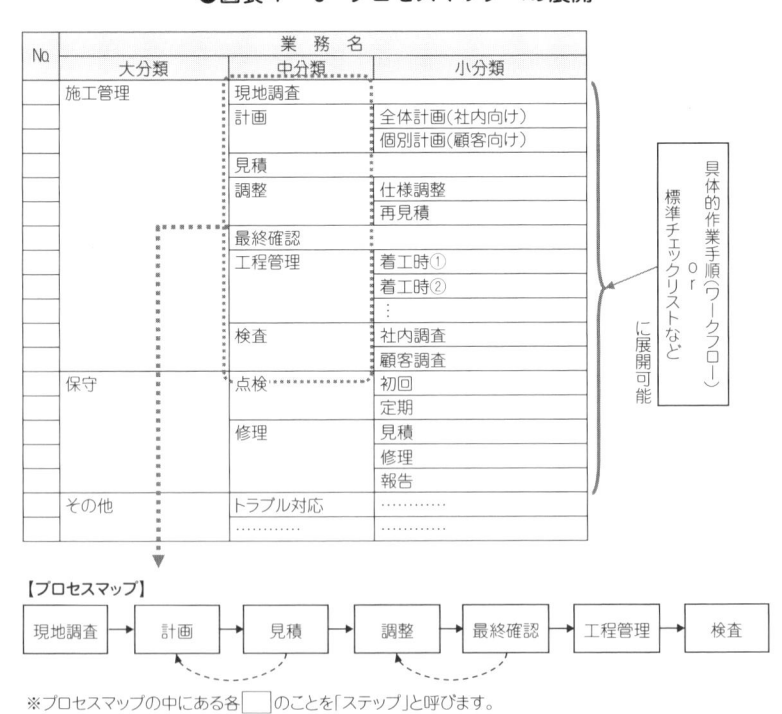

●図表4－6　プロセスマップへの展開

No.	業務名			
	大分類	中分類	小分類	
	施工管理	現地調査		具体的作業手順（ワークフロー）or標準チェックリストなどに展開可能
		計画	全体計画（社内向け）	
			個別計画（顧客向け）	
		見積		
		調整	仕様調整	
			再見積	
		最終確認		
		工程管理	着工時①	
			着工時②	
			…	
		検査	社内調査	
			顧客調査	
	保守	点検	初回	
			定期	
		修理	見積	
			修理	
			報告	
	その他	トラブル対応	………	
			………	

【プロセスマップ】

現地調査 → 計画 → 見積 → 調整 → 最終確認 → 工程管理 → 検査

※プロセスマップの中にある各 □ のことを「ステップ」と呼びます。

上述の手順でプロセスマップを作成しようとすると、一般的には複数のプロセスマップが必要になるはずです。業務が多岐にわたる場合には、次の視点から業務に優先順位をつけ、プロセスマップ作成に着手してください。

① 現在、最も多くの時間を使っている（と考えられる）
② 部門の基幹業務である
③ 直近で大きな問題が発生している
④ 組織として各種改善（削減、短縮、向上など）指示が出ている
⑤ "生産性が低い"と感じている

＊　　　＊　　　＊

　また、この時点ではプロセスマップの"完成度"は気にしないでおきましょう。「業務棚卸表が適切にできていれば、プロセスマップの完成度は当然高いのではないか」と考えた方もいるでしょう。基本的にはその通りです。ただ、1つ問題があるとすれば、先の業務棚卸表は「現在の業務」のやり方を対象としています。これが、部門として、あるいは全社にとって適切な分担であるとは断定できない場合があるためです。

　分類した業務をプロセスとして並べる「順番」、これについて悩む場合が意外とあります。「本当はこういう順番であるべきだけれど、実際は個別の案件などによって違っている……」。こうしたことは開発や営業関連の業務では、良くも悪くも発生しがちなことです。プロセスマップを作成する本来の目的からすると、順番は「この機能を果たさなければ、次の機能には進むことができない（はずである）」ことに留意して並べてみましょう。

　また、プロセスマップ通りに業務が進行したとしても、ある段階で手戻り／やり直しが発生するケースもあります。「仕様が変わった」「試作が成功しなかった」「再見積を依頼された」などなど、実

務ではプロセスマップに書いた通りには進まないことのほうが多いかもしれません。この種の状況がある場合には、図表4－6のように、点線などを入れておくことも検討してみましょう。

　以降、プロセスマップの中にある機能としての業務を書き込んだ枠（▭）のことを「ステップ」と呼ぶことにします。

5 業務の「見える化」②
～「使っている時間」を把握する～

　次に行うことは「測れる化」のほうの「見える化」で、業務に使っている時間の把握です。作成したプロセスマップに沿って、ステップごとの時間を調査し、データを収集していきます。

　「なぜ時間なのか」ということを、念のため確認しておきます。時間は、経営活動（もっといえば人生）において、自由に増やしたり減らしたりすることができない資源（制約）だからです。1日は24時間。これは万人に共通です。そして一般的な就業時間は8時間前後。もちろん残業や休日出勤という手段はありますが、それを含めたとしても納期など、時間には必ず限りがあります。限られた時間の中で担当した業務をこなす。さらに限られた時間の中でより多くの仕事をこなす／こなせるようにすることが、生産性を向上させることの大きなポイントになるからです。

　プロセスマップのレベルで時間を把握する際には、ストップウォッチなどをいきなり持ち出す必要はありません。他者による測定ではなく、メンバー各自の調査や申請による形式でもよいでしょう。ただしこの場合、「目的は現状の把握であり、個人の業務評価を目的とするものではない」ことを実施前に必ず徹底してください。その上で一定の期間を設定し、「複数のサンプルを採る」、つまり「同じ業務でも複数回分のデータを集める」ことを実施していきましょう。

　一方で、検討対象とした業務が「データ採取期間には行われない」「そもそも年間で見ても実行頻度が少ない」といった場合もあるでしょう。こうしたタイプの業務については、「過去の勤務状況や議事録などを参考にする」「メンバーにヒアリングする」など、"仮の

時間"として把握しておいてください。当然、今後その業務を実施する際には、時間を把握することが前提となります。「となると、この業務の改善はそれまではできないわけだな……」ということではありません。その業務を行う前にも、生産性を向上させるための準備はプロセスマップを活用して行うことができます。

⑥ その業務の"お客さま"は誰か
～「後工程はお客さま」を極めるために～

　次に、プロセスマップを作成した業務の"お客さま"を特定（確認）します。これは、生産性向上のために改善する業務で、「時間以外に達成すべき目標、基準」の有無を確認するための第一歩です。

　ここまで読み進めていただいたみなさんの中には、実現したいのは「〇〇品質の向上」「△△コストを削減」などが直近の目的であった方もいるかと思います。これらの目的のある方々でも、品質向上やコスト削減のために「時間を無制限で使う」ことは、まずできないはずです。反対に「業務の時間を短縮して、もっとたくさんの量をこなしてもらえるようにすることが目的」であったとします。この場合も、「時間を短縮するために人をたくさん投入する」「短期間でできるようになったが、ミスが増えた」ということでは本末転倒でしょう。そこで"お客さま"を考えてみます。

　　　　　　　＊　　　＊　　　＊

　「ウチの部門は営業ではないから、"お客さま"なんていない……」。こう思われたか方もいるかもしれませんが、すべての業務には"お客さま"が存在します（図表4-7）。

　日本の製造業の生産現場においては、昔から「後工程は"お客さま"」という考え方が用いられてきました。同様に、みなさんの業務が完了した状態（書類や半製品など形があるモノの他、「必要な情報がすべて揃った」「データが完了した」といったような状態も含む）を「受け取るのは誰か」を考えてみてください。

　営業担当者であれば、たしかに「社外のお客さま」を具体的に挙げることが容易にできるでしょう。しかし、営業部門内の個別業務

● 図表 4 − 7　後工程は "お客さま"

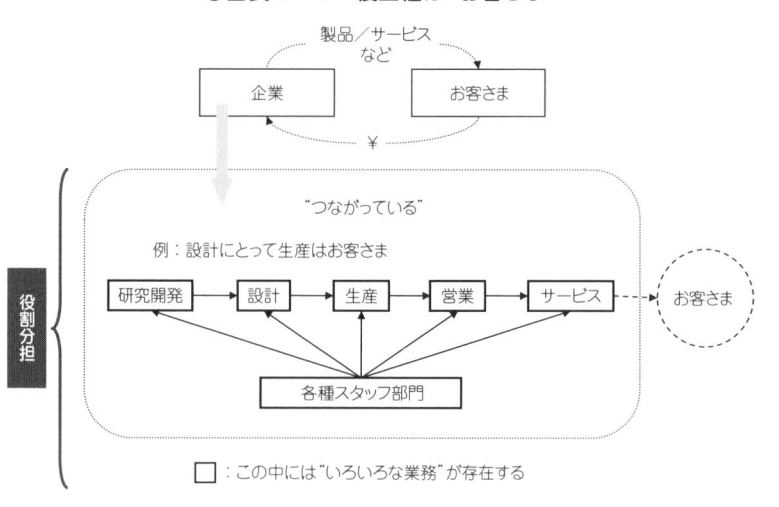

```
              製品／サービス
                 など
         ┌──────┐         ┌──────┐
         │ 企業  │ ─────→  │お客さま│
         └──────┘ ←─────── └──────┘
                    ￥
```

役割分担

"つながっている"

例：設計にとって生産はお客さま

研究開発 → 設計 → 生産 → 営業 → サービス → お客さま

　　　　　　　　　各種スタッフ部門

□ ：この中には "いろいろな業務" が存在する

● みなさんの部門もまた "業務の塊"
　　→ 部門のアウトプットを受け取る "お客さま" がいる
　　→ 部門内の個別の業務にも、そのアウトプットを受け取る "お客さま" がいる
● 部門や業務よって…
　① 複数いる（例）

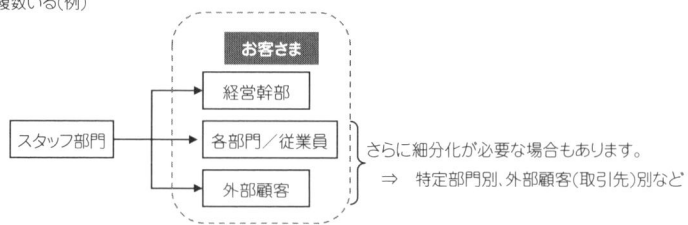

　　　　　　　　　　　　　　お客さま
　　　　　　　　　　┌── 経営幹部
　　スタッフ部門 ──┼── 各部門／従業員　　さらに細分化が必要な場合もあります。
　　　　　　　　　　└── 外部顧客　　　⇒　特定部門別、外部顧客（取引先）別など

　② "2階層" で考える必要がある（例）

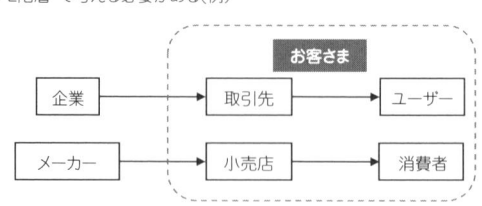

　　　　　　　　　　　　　お客さま
　　　企業　 ──→ 取引先 ──→ ユーザー
　　　メーカー ──→ 小売店 ──→ 消費者

を見てみれば、必ずしも「社外のお客さま」だけが"お客さま"であるとは限りません（最終的にはその延長線上に「社外のお客さま」が存在することは多いですが）。

月次や期末の営業報告や顧客情報の管理などは、「社外の"お客さま"のための業務」ではありません。前者は経営幹部や企画スタッフ部門にとって価値があるといえます。後者は他の事業部門およびその営業部門、次の一手を考える戦略／マーケティングなどの部門、さらにはともに顧客にサービスや製品を提供する技術部門などにとっても価値がある、つまり、その業務の"お客さま"に該当することになります。

このように考えてみると、みなさんが取り上げた業務にも"お客さま"が必ずいるはずです。複数あってもかまいません。場合によっては、（適切な意味で）「上司」「自分自身」が"お客さま"に該当する場合もあるでしょう。

　　　　　　　＊　　　　＊　　　　＊

"お客さま"を特定するのは、「その業務はどうあるべきか、どうするべきか」を規定すること、あるいは具体的な目標を設定することを目的としています。逆にいうと、この"お客さま"を無視した目標設定や改善は「本質的には価値がない／低い」ということです。

その意味でもう１つ加えます。"お客さま"の設定を誤ると、本当の"お客さま"にとってはまったく価値がない目標や改善ともなりかねません。下手をすればみなさんや組織活動全体にとって、マイナスになることすらあると心得てください。（「内向きの業務ばかりに時間がかっている」というのは、典型的な"お客さま"無視です）

また、時間軸の捉え方や直面している状況などによって、複数ある"お客さま"が同列ではなく、優先順位が明確に発生する場合もあります。これらの点は、本章－11節①（P.140）で補足します。

7 その業務は"お客さま"の何を満たさなければならないのか
～業務改善目標は"お客さまの声"で決まる～

　前節で業務の"お客さま"を特定（確認）しました。そこで第二歩として取りかかることは、その業務が達成しなければいけない目標、基準の検討です。そして、この目標、基準は"お客さま"の視点から設定します。これを「VOC（voice of customer：お客さまの声）」と言います。つまり、VOCを起点に、業務の目標や基準を設定するということです（図表4－8）。

●図表4－8　業務の善し悪しは"お客さま"が決める

※VOC：voice of customer…"お客さまの声"

- バラツキは"余計なコスト"を発生させることにもつながる
- 限界値（下限）
- 限界値（上限）
- VOC
- VOCを基準に設定
- 平均
- 不良品質　お客さまは当然不満足
- 過剰品質　お客さまの満足・評価につながるか？
- （悪い）　レベル　（良い）

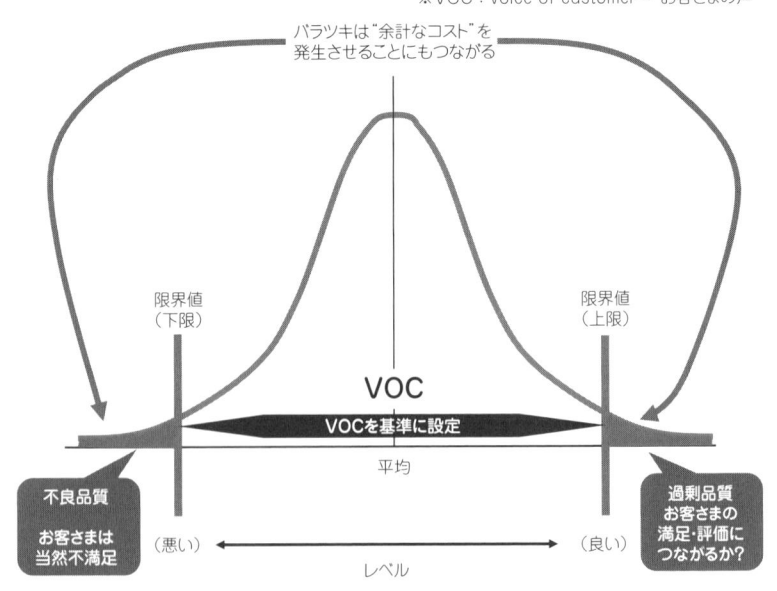

「良い仕事ができた」「ちゃんと業務を終わらせることができた」と自分自身で充実感や納得感を得られることは、もちろん重要なことです。しかし、それらが「自分自身の中だけに留まるレベル／状態」では、組織内での役割を果たすことができたと評価することはできません。業務における"お客さま"の要望に応える、つまり、VOCを満たすことが、全社としてのバリューチェーンの一機能として貢献できたことになるのです。

「お客さま満足（CS）ということか……」。最初の着眼点としてはよいですね。ですが、「満足」のままでは具体的な行動に落とすことは難しいでしょう。個々人の認識や判断によって内容が大きく変わってくる可能性があります。

* * *

ではここで、VOCについて、以下の3つの視点で具体的に考えてみましょう。

① Q：quality
② C：cost
③ D：delivery　※「T：time」での代替も可

これらのうち、Cはコスト（費用）、Dは納期に限らず時間が対象となるので、みなさんも思い浮かべやすいと思います。仮に社内で「（社内的な）△△コスト削減」という指示が出されている業務であれば、「"お客さま"＝自社、（削減）目標＝〇〇円」と捉えることもできます。また、コールセンターなど、「お客さまからの質問に対して迅速に答えることがリピートにつながっている」ということであれば、「問い合わせ～回答までの時間」（＝D）といったことになります。

Qは品質で、生産関連の部門であれば、上述のQCDを挙げた時点で「不良品率」に類するものが即座に浮かんだのではないかと思

います。反対に、それ以外の業務の場合、「品質……！？」と戸惑ったかもしれません。

　ここでの品質は、「業務品質」として捉えてください。つまり、「仕事のやり方の善し悪しを示すもの」です。したがって、たとえば「請求書（社内伝票なども含む）の不備」や「連絡ミス」「実態や市場と大きくかけ離れた計画」などは、不良品、あるいは欠陥品として捉えることができます。

　また、ここで１つ確認しておきたいことがあります。QCDはそれぞれ独立している場合もありますが、相互に関係しています。その中でも特に「QとDはCに影響する」ということです。単純にQだけを向上しようとしたり、Dだけを短縮したりすることを目指すと、Cが従来よりも「増える／多く」必要になることのほうが一般的です。コストの制約が厳しいどころか、その厳しさに加速がかかる事業環境下なので、「そんなことは言われなくてもわかっている」という指摘をみなさんから受けそうです。しかし、この「当たり前なのに忘れられがち」なことを改めて確認しておきましょう。

＊　　　＊　　　＊

　VOCについて、注意しておくべき２つの点を挙げておきます。まず第１点は、ここでは「数多くVOCを抽出する」ことを求めていないということです。業務によっては「QCDのうちいずれか１つ」という場合もあると思います。反対に、「QCDそれぞれについてたくさんある！」という場合には、普遍的もしくは直近で求められているQCDをまずはそれぞれ１つ、設定してみましょう。

　そして第２点は、VOCは「顕在化しているものばかりとは限らない」ということです。みなさんが「現時点で認識しているVOCが適切」であるかどうかの確認が必要となります。このとき、社内外のお客さまともに、「お客さまにお尋ねしても本当のVOCはわから

ないこともある」ことに留意が必要です。ライバル企業との比較や全体最適との整合性などから、潜在化しているもの、お客さまに提案すべきVOCを検討してみましょう。

＊　　　＊　　　＊

　"お客さま"を特定し、そのVOCを把握する。似たような内容を表現は違うにしても、「どこかで聞いたことがあるような……」という方がいるのではないでしょうか。そう、マーケティングです。

　研修などで、「マーケティング関連の業務を担当しているわけではないのに、どうしてマーケティングの研修を受けなければならないんだ！」という受講生にお目にかかることがあります。また、コンサルティングの現場では「マーケティングと改善は考え方が"真逆"」というような指摘を耳にすることもあります。

　前者については、すでに人事や教育担当の方々が「マーケティングマインドの重要性」ということに気づいています。その意味で、すでにその考えが浸透している一部企業に加え、今後もそういう意識は企業内、産業界全般に広がっていくことを期待したいところです。

　後者については、「マーケティングには発想力、想像（創造）力が求められる」ということが根底にある場合が多いようです。仮にこのことが「マーケティングと改善は考え方が"真逆"」と考える最大の理由であるとすれば、これは大きな誤解といわざるを得ません。業務の棚卸、時間を含めた現状の把握などはある種"機械的にできる"部分も、一部はあります。しかし、そのような範囲も含め、まして「新しい仕事のやり方を考える」という局面では、発想力や創造力が求められるのです。

　そして改善、マーケティングともに、みなさんが目指す生産性向上の"手段"に含まれているものと理解しておきましょう。

8 業務棚卸表の確認
～プロセスの改善に着手する前に～

　プロセスマップが完成し、それらにかかる時間の大枠もみなさんは把握できています。そして、VOC視点からの目標／基準の確認も終えました。

　個別の業務を具体的に見ていく前に、業務棚卸表をここで確認しておきます。"確認"とは書きましたが、みなさんの業務棚卸表、つまり業務状況によっては、時間や他の資源の投入度に関わらず、生産性向上のための改善対象がいきなり上がってくる場合もあるのです。

　業務棚卸表の中で確認しておきたいのは、次の3点です。

● 業務棚卸表の確認

①「不要な業務」はないか

　その業務が不要かどうかは、その業務の"お客さま"を想定して確認してください。そもそも"お客さま"がいない、"お客さま"視点で不要であれば当然、その業務は廃止します。

　「そんな仕事、ないでしょう」と思われるかもしれませんが、定型業務（ルーチンワーク）になってしまっていることすらあるのです。「前に一度、経営幹部から要求があった資料だから……」などといった理由で、延々と引き継がれてしまっている仕事が存在する場合があります。

　数年前ですが、ある大手素材メーカーの経理部門では、上述のような理由の仕事が全体の8割近くとなっていた、などという例もありました。リスクマネジメントを基本業務とするような一部の部門を除き、「（業務上の）お客さまがもしかしたら要求するかもしれな

い」というような業務は、基本的に廃止対象です。

仮にここで"要"判定であったとしても、次の②に該当した場合には、すぐさま廃止ではなく、何らかの変更（改善）が必要になってくると思っていてください。

②「部門の役割以外の業務」はないか

業務棚卸表で「これはウチの業務だろうか……」と思った業務はありませんか？　一見ではそうした業務がなかったとしても、本章－1、2節で検討した「部門の機能」を鑑みた場合、「他の部門の業務ではないだろうか」と思うものはないでしょうか。全体最適の視点で確認してみてください。

もし、該当するものがあれば、しかるべき部門に業務を移管し、「部門としての業務負荷を減らす＝部門としての生産性を向上させる」に直結させることができます。①の次の廃止候補です。

ただし、「そういうわけで、この業務はそちらで……」とは、簡単にはいきません。①をパスした、つまり「必要な業務」として認定できたのだとすれば、この業務は組織全体としては必要なわけです。そして経緯がどうであったにせよ、みなさんの部門でこなしてきたということは間違いありません。つまり、「その業務に関するノウハウはみなさんの部門にある」ということです。移管ができたとしても、これまでのみなさんの業務ノウハウを活用し、最善の形で引き継ぐことを目指して、次のプロセスマップの検討を実施してから移管しましょう。

③　アウトソーシングできるものはないか

これは、「該当する業務があったら即アウトソーシングではない」ことを先にお願いしておきます。もちろん、アウトソーシングを選

択することが"正解"で、そのことが生産性向上に大きく貢献する場合もあります。しかし、「コスト削減もできるし、ヨソの会社でも活用しているから……」というような安易な決断はいけません。「この業務ノウハウは内部に留保すべきかどうか」で検討してください。

「アウトソーシングできそうだな」という候補が出てきたら、極端にいうと、「社内にノウハウがなくてもまったく問題がないかどうか」という視点でチェックしてみましょう。「どこの誰がやっても同じ」というような業務を除くと、アウトソーシングが得策とはいえない業務は多々あります。

グローバル製造業を中心に問われる垂直統合と水平分業。各社の選択の善し悪しは、二項対立では判断できないはずです。ここでは中長期的な視点が必要となります。また、事務的な作業とされるものでも同様です。ある大手商社では、「業務の高度化によってマニュアル化できない事例が増えてきており、正社員が長期間にわたりノウハウを蓄積・継承することが不可欠」であるとして、一般職の採用を再開することを決定しています。

P．F．ドラッカーはその著書『ネクスト・ソサエティ』の中で、「トップマネジメント以外はすべてアウトソーシングできる」としていますが、これは同書を読んだことがある方であればわかる通り、「アウトソーシングできるのは、その業務をマネジメントできること」が前提となるのです。これを忘れて丸投げ的なアウトソーシングをすることは、経営活動上、非常に怖いことであるといえます。

＊　　＊　　＊

①〜③に該当する業務はあったでしょうか？　①で廃止対象となる業務があった場合、これは早くもムダとりを1つ、達成できることになります。②に該当する業務も中期的には①同様、生産性向上

の原資となっていきます。③についても適切に該当する業務がある場合には、アウトソーシング、つまり内部の業務としては廃止を検討することができます。

⑨ ステップの中にあるプロセス 〜プロセスマップをもとにした 生産性向上・改善の基本的考え方〜

次に、プロセスマップをもとに個別の業務を見ていきます。プロセスマップで描いたプロセス（図表4－9のX）がもちろん対象となるわけですが、もう1つ、同様の視点で検討を進めるプロセスがあることをここで確認します。それが図表4－9のYです。Yについては、ステップのタイプによって、Yが存在する場合と存在しない場合があります。

●図表4－9　プロセス検討の対象

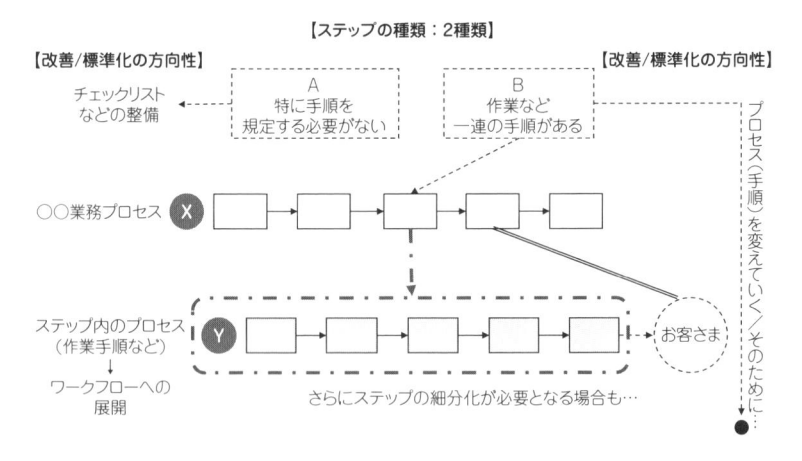

【ステップの種類：2種類】

【改善/標準化の方向性】
- チェックリストなどの整備 ← A 特に手順を規定する必要がない
- B 作業など一連の手順がある → プロセス（手順）を変えていく／そのために

○○業務プロセス　X　□→□→□→□→□

ステップ内のプロセス（作業手順など）　Y　□→□→□→□→□ → お客さま
ワークフローへの展開

さらにステップの細分化が必要となる場合も…

ステップには2種類があり、1つは、作業や思考が発生するにしても特に手順を問う必要はなく、一定の要件・要因（製品や設備などのハード、仕様書の目次など）さえ揃えばよいものです。このタイプのステップには、基本的にチェックリストなどを用意すること

が標準化につながり、モレやダブリを「防ぐ／なくす」ことができます。

ただし、このタイプとして"認定"するかどうかは、本当に手順を規定する必要がないかどうかを見極めることが大前提です。部門内メンバーの、実際の仕事のやり方における個人差（スキルや経験）、時間のバラツキ状態などから判断してください。

そしてもう１つが図表４－９のＹです。そのステップを完了するには、何かしら一連の作業があるタイプです。つまり、「ステップの中にプロセスがある」状態です。したがって、このタイプのステップの場合には、ターゲットとしたステップを細分化して、その手順を検討していくことになります。これが本章－４節（P.117）で「ワークフローよりも１つ上の"粗いレベル"」とした部分と関係しています。

そして、以降とりかかるプロセスマップ上の問題点を見つけるのと同様に、「ステップの中にある手順の中にある問題点」を重点的に発見、改善していきます。その意味で、次節ではステップを対象として紹介していきますが、考え方、目のつけどころは、ステップの中にあるプロセス・作業を対象にする場合も同様であると理解しておいてください。

⑩ 付加価値業務と非付加価値業務に分ける
〜ムダとりは生産性向上の原資となる〜

　まず、プロセスマップのステップを付加価値業務と非付加価値業務に分けます。この2つの見極めは、「"お客さま"にとって価値があるかないか」です（図表4−10、4−11）。そう、本章−8節「①不要な業務はないか」（P.130）で廃止を検討した際にも使った考え方と共通しています。

　付加価値業務については、本章−7節で検討したVOCの視点から生産性向上、つまり「いかに"お客さま"にとっての価値を上げるか」を基調として検討していくことになります。

　非付加価値業務とはいささか厳しい表現ですが、生産性向上に挑む断固とした姿勢を保つためにも、"お客さま"の視点で敢えて非付加価値業務として捉えてみましょう。

　非付加価値業務は廃止、アウトソーシング（外注化）の他、極力軽減していくことが対策の基本的方向性です。非付加価値業務は

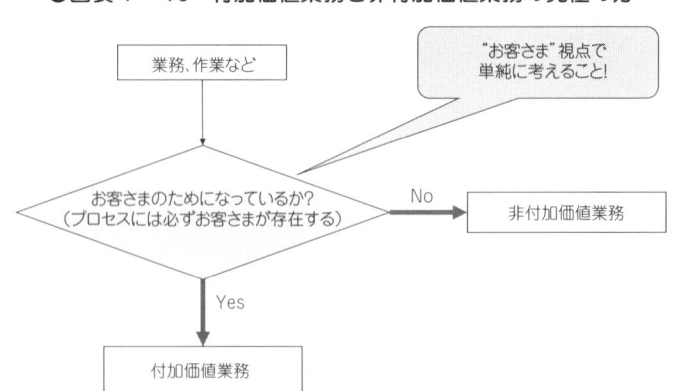

●図表4−10　付加価値業務と非付加価値業務の見極め方

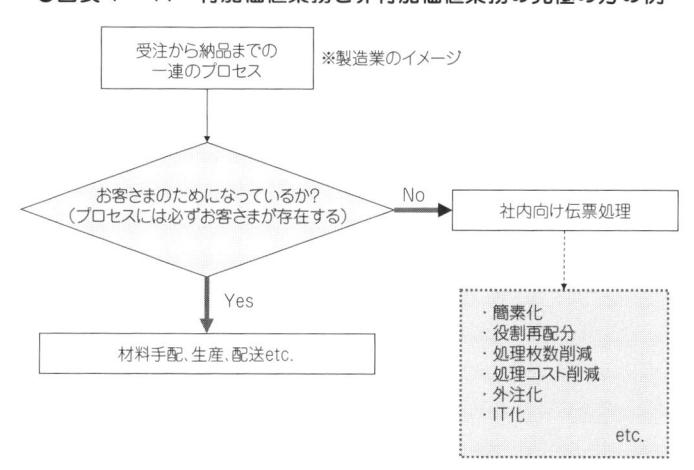

第4章 生産性向上へのアプローチ

●図表4−11　付加価値業務と非付加価値業務の見極め方の例

```
        ┌─────────────┐
        │ 受注から納品までの │ ※製造業のイメージ
        │  一連のプロセス   │
        └──────┬──────┘
               ↓
        ◇─────────────◇
         お客さまのためになっているか？   No    ┌─────────────┐
        （プロセスには必ずお客さまが存在する）──→│ 社内向け伝票処理 │
        ◇─────────────◇       └─────────────┘
               ↓ Yes                    ┌ ─ ─ ─ ─ ─ ─ ┐
        ┌─────────────┐              ・簡素化
        │ 材料手配、生産、配送etc. │            ・役割再配分
        └─────────────┘              ・処理枚数削減
                                        ・処理コスト削減
                                        ・外注化
                                        ・IT化
                                                  etc.
                                        └ ─ ─ ─ ─ ─ ─ ┘
```

"お客さま"にとって価値がない、つまりムダとなりますから、最優先の改善対象です。

ただし、この時間やコストは、単純に減らす削減することだけが目的ではないことに留意しましょう。実は、このあたりが「生産性向上＝コストや人員削減、時短」と誤解される要因の1つにもなっています。

たとえば、非付加価値業務を改善したことによって、「1人分の

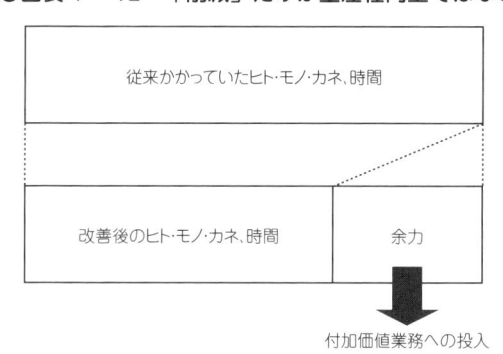

●図表4−12　「削減」だけが生産性向上ではない

```
┌─────────────────────────────┐
│     従来かかっていたヒト・モノ・カネ、時間      │
├─────────────────────┬───────┤
│                          ╲        │
├─────────────────┬───┴───────┤
│  改善後のヒト・モノ・カネ、時間  │   余力    │
└─────────────────┴───┬───────┘
                              ↓
                     付加価値業務への投入
```

137

仕事量が減った」としましょう。ここで「1人減らす」というのも1つの手段であることは間違いありません。ですが、それだけが生産性向上の手段ではないのです。みなさんには、非付加価値業務の改善によって創出した時間やコストを「付加価値業務の原資」として捉え活用することを、単純な削減の前に考えて欲しいと思います（図表4－12）。

第4章 生産性向上へのアプローチ

11 プロセスのどの部分から手をつけるのか
～ボトルネックを見つける～

　次に見ていくことは、「どのステップから手をつけていくのか」です。これは言い換えると、「プロセスのどの部分が問題なのか」を考えていくことになります。プロセス上のあちらこちらに問題が潜んでいる可能性は十分にありますが、その中でも「最も問題が大きいステップ（部分）」を「ボトルネック」と呼ぶことにします。
　ボトルネックを見つけるための視点を、以下に6つ紹介していきます。

●図表4－13　ボトルネックを見つけるための視点

【全業務共通】

①VOCで考える
付加価値業務で最優先のステップを見つける

②以降は検討対象の業務の状況に応じて使い分け、組み合わせて活用

②平均とバラツキを確認する
バラツキの大きなステップを見つける

③時間がかかっているところはどこか？
改善余地の大きいステップを見つける

④繰り返し行っているのはどこか？
顕在化している手戻りと
潜在化している手戻りの
ステップを見つける

⑤プロセス全体の効率を
引き下げているのはどこか？
「歩留まりが悪い」ステップを見つける

⑥"絶対に遅れてはいけない"のはどこか？
業務の着手を邪魔するステップを見つける

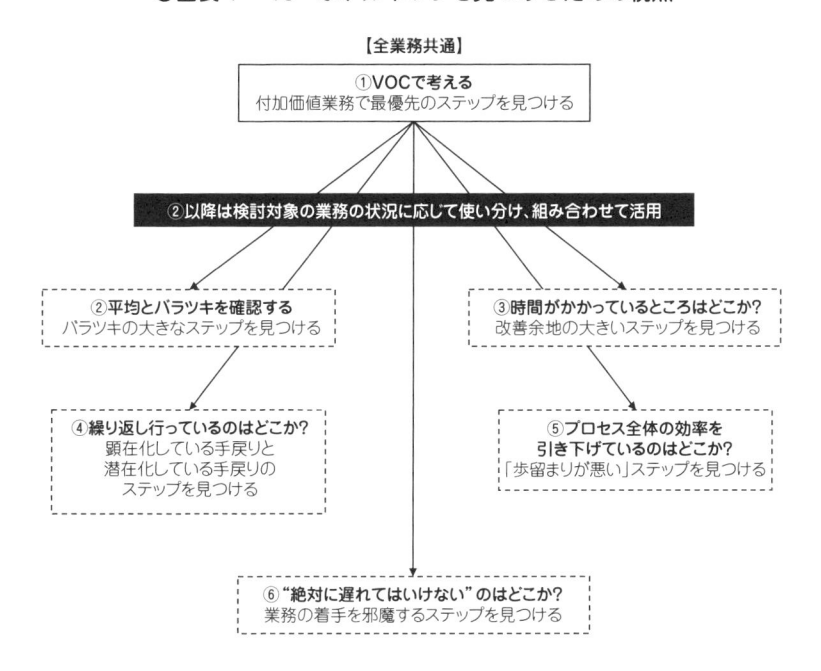

「①VOCで考える」は、どのような業務であっても共通と理解してください。その上で、「②平均とバラツキを確認する」以降は検討対象の業務の状況に応じて使い分け、組み合わせて活用してください。このことから、「①VOCで考える」は、少々長めの説明になっています。この使い分け、組み合わせについて「考えること／考えられること」は、能率10訓の実践者の重要な要件として捉えていただきたいと思います。

● ボトルネックを見つけるための6つの視点

① VOCで考える〜付加価値業務で最優先のステップを見つける

前節で、非付加価値業務は「最優先の改善対象」としました。実際に改善を進める現場においては、これと並行して付加価値業務の生産性向上が進められていくことが多くなっています。

付加価値業務が"お客さま"にとって意味のある業務である以上、最終的にはすべてを対象とすべき、ということになりますが、ここで取り扱いたいのは"お客さま"が複数あるような場合です。「お客さま（VOC）は1つだけ！」という業務が対象である場合は、②以降の考え方でステップの優先順位を検討していくことができます。ただ、ここでは「お客さま、VOCを見誤ると、優先順位が異なる、打ち手が変わってくる」ということは確認しておいていただきたいと思います。

こうしたタイプの業務における重要ステップの特定、言い換えるならば短期と中長期の目標設定は、実践者のみなさんの腕の見せ所でもあります。

　　　　　＊　　　　＊　　　　＊

このことについて、ここでは「研修講師業務」を例にとって見ていきます。図表4－14は、実際よりもやや簡略化していますが、

| 第4章 | 生産性向上へのアプローチ

●**図表4-14 「今、満たすべき」お客さま、VOCは……？**

●「複数のお客さま」にお応えしたい!!
  → 究極を目指して、日常的な努力は必要＝長期的目標、課題
  → 短期的には？…優先順位の設定
    ①「研修品質を上げる」…お客さまB（受講者）のVOC
    ②「受注確度を上げる」…お客さまA（人事・教育部門）のVOC
    ③「受注を増やす（引き合いを増やす）」…お客さまC（営業）のVOC

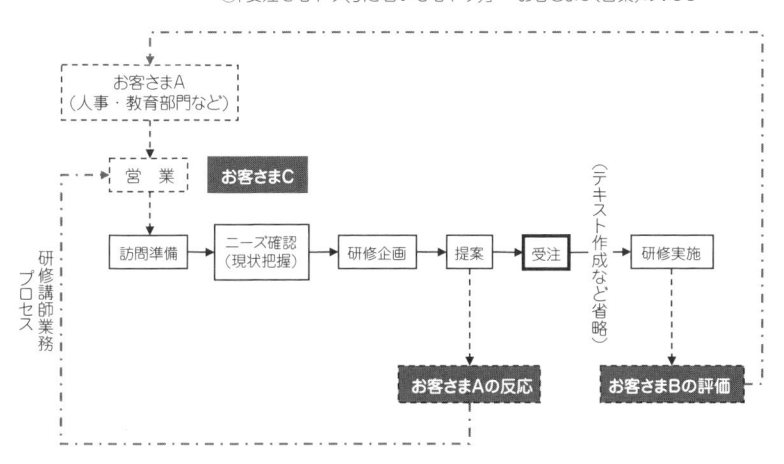

```
         ┌──────────┐
         │ お客さまA   │
         │(人事・教育部門など)│
         └──────────┘
              ↓
         ┌──────┐   ┌──────┐
         │ 営 業 │   │お客さまC│
         └──────┘   └──────┘
            ↓
  研  ┌────┐ ┌──────┐ ┌────┐ ┌────┐ ┌────┐      ┌──────┐
  修  │訪問 │→│ニーズ確認│→│研修 │→│提案│→│受注│ (テキスト│研修実施│
  講  │準備 │  │(現状把握)│  │企画 │  │    │  │    │ 作成な  │      │
  師  └────┘ └──────┘ └────┘ └────┘ └────┘  ど省略) └──────┘
  業                              ↓              ↓
  務                         ┌──────────┐  ┌──────────┐
  プ                         │お客さまAの反応│  │お客さまBの評価│
  ロ                         └──────────┘  └──────────┘
  セ
  ス
```

「研修講師業務」のプロセスマップです。

 この場合、"お客さま"は誰だと思いますか？「研修の受講者」。ありそうですね。「研修を実施する企業の窓口（人事や教育部門など）」。こちらも"お客さま"といえそうです。さて、他にはどうでしょうか。

     ※   ※   ※

 図表4-14のプロセスマップでは、最初が「訪問準備」となっています。この「訪問準備」に取り掛かれるのは、「××という引き合いがある」「××の提案を意図している」場合です。この業務に携わっている人が自らそうした場面を作ることができるとすれば、いわゆる営業の役割も担っていることになります。

敢えて先に条件を提示しなかったのですが、ここでは、実際に研修内容を作り上げて実施する人と、営業を担う人が別であるケースであるとします。これは、各種メーカーやIT関連ビジネスなどに代表されるように、社内で「営業」と「顧客へ提供する製品・サービスを作り込む技術者や開発する専任者（SEなどの技術者）」が別部門として設定されている企業であれば、あてはまる場面であると考えてみてください。

　こうした場合、「訪問準備」のきっかけを与えてくれるのは営業部門です。会社によっては、技術者や専任者をアサイン（割り当てる）するルールが明確に決まっている場合もあるでしょう。一方で、「できる人には仕事が集中する」という状態は、多くの会社で見られる傾向です。

　ここでは「研修講師業務」を担当する人は、「その回数や売上などで評価される」ということにします。これもIT企業などにおいて、SEが稼働工数やその売上に該当する金額で評価されるのと同様だと想定してみてください。

　このような場合、「研修講師業務」を担当する人にとっての"お客さま"は、先述の「研修の受講者」「研修を実施する企業の窓口（人事や教育部門など）」に加えて、「自社の営業」も"お客さま"です。これら3種の"お客さま"のVOCに応えることは、売上やリピート受注にもつながり、最終的に「自社」のVOCに応えることにもなります。部分最適と全体最適が符号するわけです。

　したがって、継続的に満たすべきVOCは3つあり、日々、そのための努力をすることは必要です。以下のような場合を考えてみましょう。

> （ⅰ）どうも最近、研修後のアンケートの結果がよくない（結果として、次の研修案件につながらない……）
>   →"お客さま"は「研修の受講者」
> （ⅱ）提案まではいくのだが、受注の確率が悪くなっている（受注できるのだが、最初の提案ではＯＫが出ない）
>   →"お客さま"は「研修を実施する企業の窓口（人事や教育部門など）」
> （ⅲ）売上を増やしたいのだが、営業から声がかかる数が少ない
>   →"お客さま"は「営業」

＊　　＊　　＊

いかがでしょうか？ 確認していただきたいことは、「今、困っていること」、もしくは「（変更権限のない）設定されている目標」によって、"お客さま"の優先順位が変わるということです。これが変われば当然、視点を置くべきVOCは変わる、さらにそれに応じて打ち手（改善策）も変わってくる、ということです。

「研修講師業務」を担当する人がすでに能率10訓の実践者であれば、図表4－14中に示した①～③のいずれの優先順位を高めるべきなのかを自ら理解することができます。しかし、担当する人が未成熟である場合には、実践者であるみなさん、すなわちマネジャーは図表4－14の①～③のいずれを高優先順位とすべきなのか、その人を導かなくてはならないわけです。

ここまで見てきたVOC視点からステップの優先順位が特定できない場合には、次の「②平均とバラツキを確認する」以降を検討していきましょう。

② 平均とバラツキを確認する〜バラツキの大きなステップを見つける

　ステップごとにかかっている時間の平均と、そのバラツキ具合を確認してください。設定したVOCがコストや品質の場合は、それらの平均とバラツキを優先します。

　「バラツキ？　標準偏差を出すのか……」と、統計をご存知の方は思われたかもしれません。標準偏差を使ってバラツキを確認することはお勧めしたいと思います。しかし、本書では基本を押さえるという意味で、ヒストグラムや折れ線グラフなどを用いて定量情報をグラフによって可視化する方法を紹介します（図表4－15、4－16）。

　平均値が同じであってもバラツキが大きいということは、それだけ「生産性向上の余地が大きい可能性がある」と考えてください。

●図表4－15　平均とバラツキ〜ヒストグラム

● 「平均」と聞くと"普通"や"真ん中"をイメージしていませんか？

　グラフ（ヒストグラム）は、国税庁「民間給与実態統計調査」（平成20年度）による年収別の給与所得者数を示しています。
　→　みなさんのイメージする「平均」と実態は同じでしょうか…？

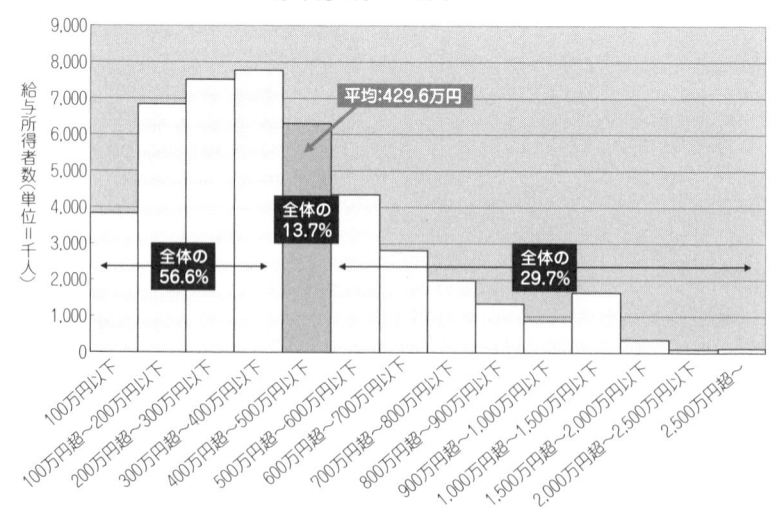

（給与所得者数（単位＝千人））

平均:429.6万円
全体の 56.6%
全体の 13.7%
全体の 29.7%

100万円以下／100万円超〜200万円以下／200万円超〜300万円以下／300万円超〜400万円以下／400万円超〜500万円以下／500万円超〜600万円以下／600万円超〜700万円以下／700万円超〜800万円以下／800万円超〜900万円以下／900万円超〜1,000万円以下／1,000万円超〜1,500万円以下／1,500万円超〜2,000万円以下／2,000万円超〜2,500万円以下／2,500万円超〜

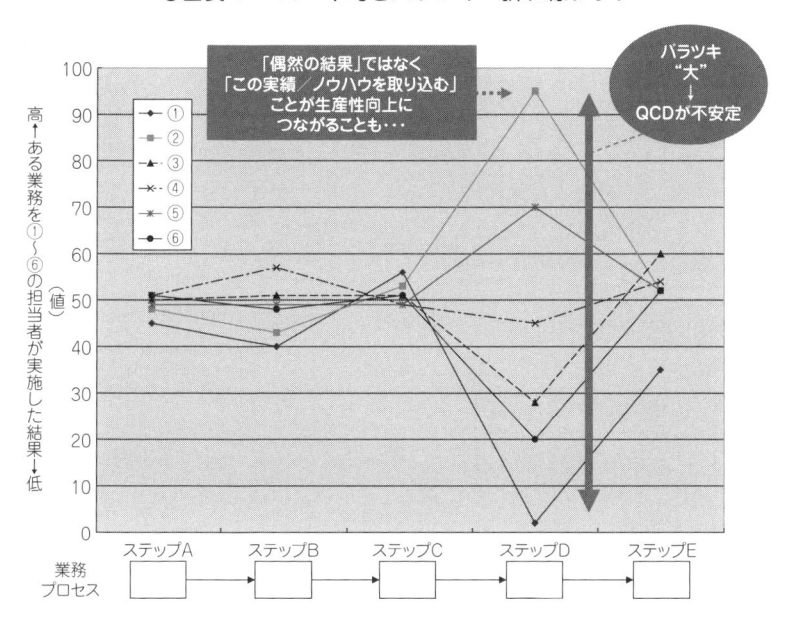

●図表4－16　平均とバラツキ～折れ線グラフ

「偶然の結果」ではなく
「この実績／ノウハウを取り込む」
ことが生産性向上に
つながることも…

バラツキ
"大"
↓
QCDが不安定

縦軸：高←ある業務を①～⑥の担当者が実施した結果→低（値）

横軸：業務プロセス　ステップA → ステップB → ステップC → ステップD → ステップE

このことと併せて強調しておきたいのは、「平均値だけを見ていると誤解する場合がある」ということです。仮に平均値が改善されていてもバラツキが拡大していたとしたら、改善どころか改悪になってしまうこともあるので注意しましょう。

*　　　*　　　*

バラツキは、これまで本書で使用してきた言葉でいえば、ムラが相当する場合があります。ムラを抑えるということは、ムダやムリをなくすことです。ただ1つ気にしておきたいことは、データ上ムリに相当するバラツキは、実は常に悪いとは限らないということです。全体としては「そこまで上げることができる」という、よいムリ、すなわちお手本とすべき目標となる場合もあります。

③ 時間がかかっているところはどこか～改善余地の大きいステップを見つける

これは「時間がかかっている順に考えていけばよい」ということではありません。たしかに「時間がたくさんかかっている業務」のほうが、生産性向上の余地が大きい可能性はあります。しかし、そもそも「その業務には時間がかかって当然」というものもあるはずです。

ここでその業務が、生産ラインのように標準時間が設定されているようなタイプのものであれば、それをもとに改善余地の大小を比較し、重点化すべき部分を決めます。これができない場合には、「よいムリ」のデータと平均値から、現時点で最適目標として考えられる値を設定し、それをもとに改善余地の大小を判断しましょう。そこで"大"と判定されたものを高優先順位としていきます（図表4－17）。

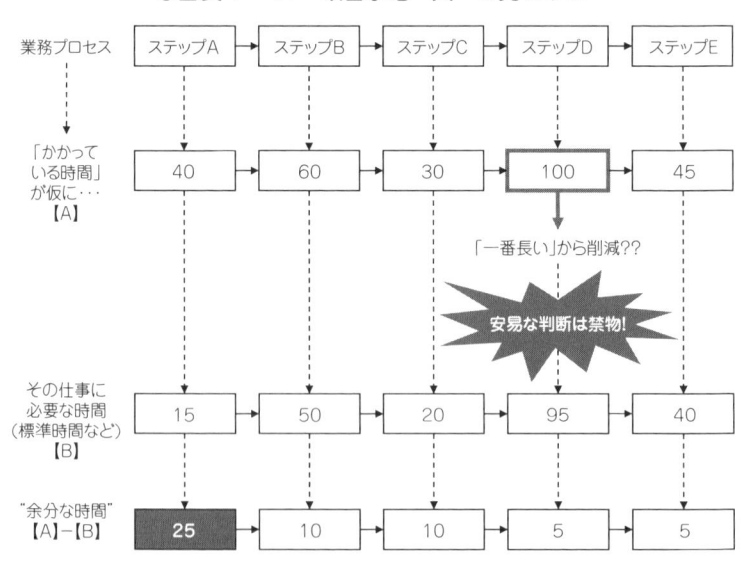

●図表4－17 改善余地"大"を見つける

業務プロセス	ステップA	ステップB	ステップC	ステップD	ステップE
「かかっている時間」が仮に…【A】	40	60	30	100	45
その仕事に必要な時間（標準時間など）【B】	15	50	20	95	40
"余分な時間"【A】-【B】	25	10	10	5	5

「一番長い」から削減??
安易な判断は禁物!

第4章 生産性向上へのアプローチ

④ 繰り返し行っているのはどこか〜顕在化している手戻りと潜在化している手戻りのステップを見つける

　顕在化している手戻りは、図表4-6（P.118）でプロセスマップを作成したときに、点線を入れたところです。まずそのステップに注目しますが、ここで手戻りが発生している場合には、その上流にあるステップの改善が必要になることも少なくありません（図表4-18）。

　もう1つは、潜在化している手戻りの場合です。データ上、図表4-19のような状況が起こっている場合があります。これはプロセスマップ作成時には判明しなかったとしても、何らかの再作業やよけい（過剰）な確認などが行われている可能性があります。

　「顕在化／潜在化した手戻り」はともに、その常態化を温存せざ

●図表4-18　顕在化している手戻り

【図表4-6（P.118）より】

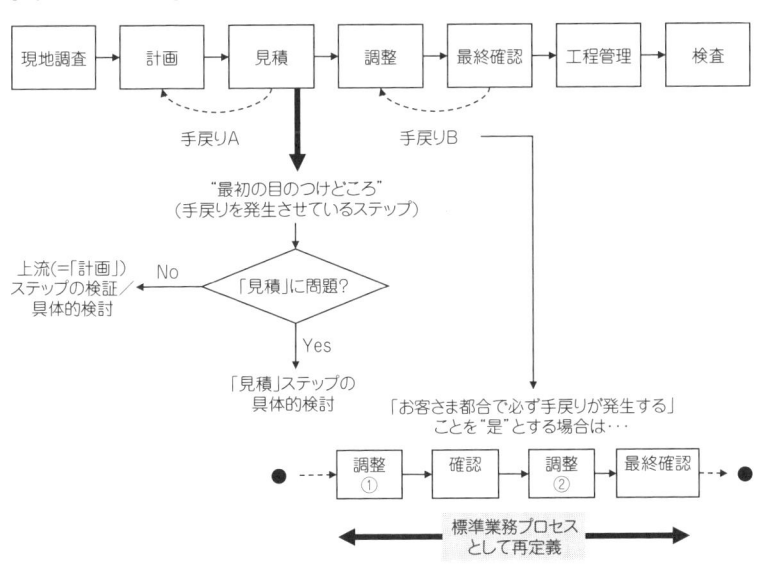

現地調査 → 計画 → 見積 → 調整 → 最終確認 → 工程管理 → 検査

手戻りA　　　　　手戻りB

"最初の目のつけどころ"
（手戻りを発生させているステップ）

上流（＝「計画」）ステップの検証／具体的検討 ← No ―「見積」に問題？
　　　　　　　　　　　　　　　　　　　↓ Yes
　　　　　　　　　　　　　　　　　「見積」ステップの具体的検討

「お客さま都合で必ず手戻りが発生する」ことを"是"とする場合は…

● --→ 調整① → 確認 → 調整② → 最終確認 --→ ●

　　　　　　　　標準業務プロセスとして再定義

147

●図表4－19　潜在化している手戻り

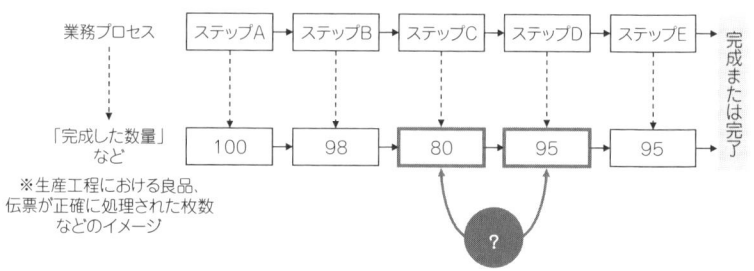

業務プロセス： ステップA → ステップB → ステップC → ステップD → ステップE → 完成または完了

「完成した数量」など： 100 → 98 → 80 → 95 → 95

※生産工程における良品、伝票が正確に処理された枚数などのイメージ

ステップDがステップCの不良やミスをカバー
↓
本来ステップCでやるべきことをステップDが行っている
（実質的には再作業、余計な確認など）

るをえないのかどうかを確認します。基本は当然「手戻りなし」ですが、業務対象によっては維持したほうがよい場合もあります。ただし、この場合は、図表4－18右下のようにプロセスを捉え直すことが必要です。

⑤ プロセス全体の効率を引き下げているのはどこか～「歩留まりが悪い」ステップを見つける

　これは、生産関連の業務に従事している方であれば、歩留まりや直行率の考え方を使っているものだと考えてください。「生産関連の業務にしか使えない考え方か……」と読み飛ばさないでください。営業はもちろん、1つの業務を完了させるまでに、複数の人の手を渡る場合など、さまざまな業務で活用できます。

　図表4－20がこの意味をあらわしています。ステップCで極端に値が小さくなっています。ステップD以降の値はステップC以上には上昇することは基本的にはありえません。図表4－20のように、最終的な値を多少上げることはできますが、ステップCを最優先で改善すべき意味はご理解いただけると思います。

第4章 生産性向上へのアプローチ

●図表4－20　「歩留まり」の悪いステップの改善

インプットの量は変えずに／減らして、
アウトプット（成果）を増やす／良くする

縦軸：良品数／見込み顧客数など
横軸：ステップA／ステップB／ステップC／ステップD／ステップE

ステップ能力UP
この部分を改善すれば……
この程度のUPは実現
目標（成果）

「完成！」「完了！」の誤解をしないように…

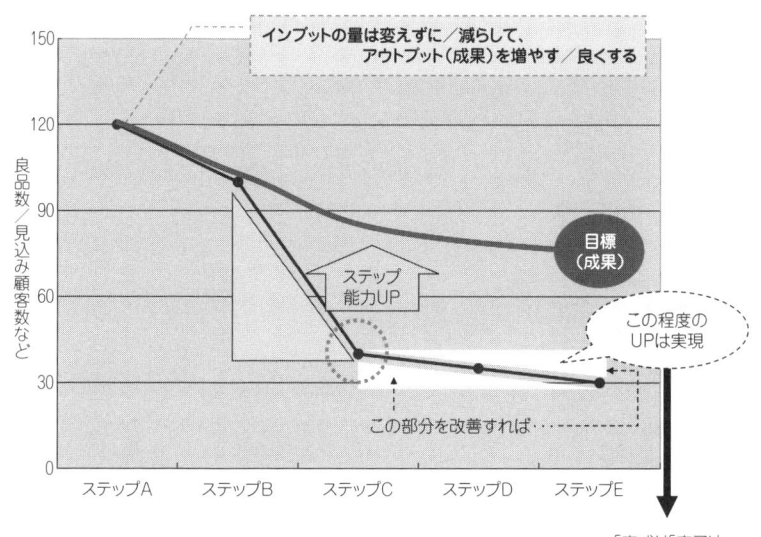

●図表4－21　「歩留まり」の悪いステップの改善（例）

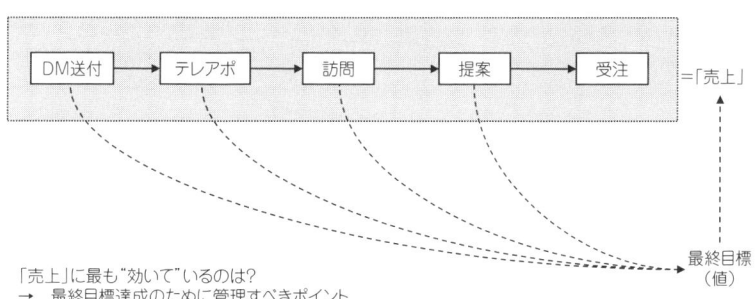

DM送付 → テレアポ → 訪問 → 提案 → 受注　＝「売上」

最終目標（値）

「売上」に最も"効いて"いるのは？
→　最終目標達成のために管理すべきポイント
　　＝ KPI（key performance indicator：重要業績評価指標）とも呼ばれています。
　⇒基本の計数管理およびそのシステム整備済み企業が、次に着目すべき目標指標

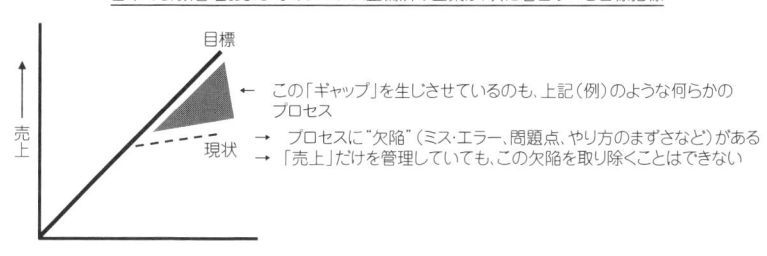

縦軸：売上
目標／現状

← この「ギャップ」を生じさせているのも、上記（例）のような何らかのプロセス
→　プロセスに"欠陥"（ミス・エラー、問題点、やり方のまずさなど）がある
→　「売上」だけを管理していても、この欠陥を取り除くことはできない

逆に問題なのは、ステップCを気にせず、その後にあるステップDやEを改善することによって、「成果が出た（これ以上は改善できない）」と誤解してしまうことです。全体最適の視点を忘れ、部分最適に走ってしまうと、このような事態を発生させてしまう場合があります。みなさんに全体最適の視点を求めるのは、このような部分最適の罠に陥らないためでもあるのです（図表4－21）。

⑥ "絶対に遅れてはいけない"のはどこか～業務の着手を邪魔するステップを見つける

　④までで、あるいはプロセスマップ作成の時点から、「自分の業務の流れとはちょっと違う……」と思っていた方がいたかもしれません。そうではなかった方も、特定したステップの中にプロセスが存在する場合、ここからの説明が該当する場合があります。それは図表4－22のような業務、作業の流れになっている場合です。

　実務においては、たとえみなさんの部門が「最終責任をもつ業務」であっても、それが完了するまでには、他の部門の作業内容が必要

●**図表4－22　後のステップを制約する業務／作業は？**

●ある業務が完了するまでの"モノ"の流れ
　→　"モノ"は有形／無形の場合あり
　　　例:「部品～半製品～完成品」、「各種情報～設計図」、「1つの伝票が完成するまで」など

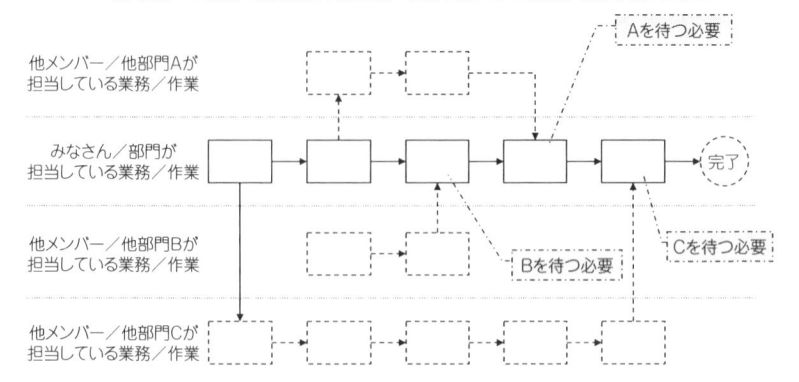

第4章｜生産性向上へのアプローチ

になることがあると思います。また、部門内の仕事であっても、個別の部分については並行処理が行われていたりする場合もあるでしょう。

　わかりやすく説明するために、図表4－23を見てみましょう。仮にステップA～Eの作業が確実にそれぞれの時間内でできる状態であったとしても、Xの部分の作業が完了しない限り、ステップDに着手することはできません。その意味で、Xの部分はなんとしてでも納期通りに完了させる必要があります。そこで、このX部分に当たるステップを最優先で改善すべき業務・作業として考えていくわけです。

●図表4－23　後のステップを制約する業務／作業を最優先で改善

図表4-22を単純にすると…

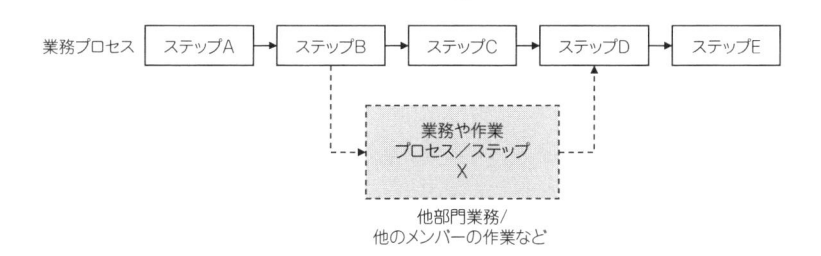

業務プロセス　ステップA → ステップB → ステップC → ステップD → ステップE

業務や作業
プロセス／ステップ
X

他部門業務／
他のメンバーの作業など

12 改善策を考える
〜基本は「ECRS×7つの構成要素× 7つのムダ」の組み合わせ〜

　最優先で検討に着手するステップが決まりました。ここで1つ、思い出してください。本章－9節（P.134）で、ステップには2種類があるとしました。そこで図表4－9（P.134）の「B　作業など一連の手順がある」のほうは、ステップの中にさらにプロセス（手順など一連の作業）がありました。このプロセスは基本的にワークフロー、つまり一番細かい作業レベルを想定しています。みなさんの描いたプロセスマップのステップを分解しても、まだワークフローの状態まで至っていない場合には、前節で紹介したボトルネックを見つける視点の①〜⑥を活用して落とし込んでいってください。

　ここから「ECRSの原則」（図表4－24）を基本ガイドとして、具体的な改善、最終的には新しい仕事のやり方を検討していきます。その際、ECRS（E：eliminate：排除、C：combine：結合、R：rearrange：交換、S：simplify：簡素化）の視点でステップの中身を見ていくわけですが、たとえば「E：排除する」をもって、いきなり「このステップの中で排除できるのはどこか」と考えるのは、目をつけるべき部分を見落としてしまうことがあります。そこでまず、図表4－25（P.154）のようにステップを構成する要素を「ヒト」「モノ」「カネ」「情報」「やり方」「空間」「時間」の7つの視点から検討を始めてください。

　さらに、図表4－26（P.156）の「7つのムダ」を加えて検討していただきたいと思います。「○（数）つのムダ」と呼ばれるものが他にもいろいろありますが、ここでは「トヨタ生産方式7つのム

第4章 生産性向上へのアプローチ

● 図表4－24　ECRSの原則とその改善イメージ

E	排除 Eliminate	● ムダをなくす ● ムダなものをなくす ● 不必要な作業をやめる
C	結合 Combine	● 作業をまとめる ● 作業を組み合わせる ● 同時に行う
R	交換 Rearrange	● 順序を入れ替える ● 他のやり方に換える ● 他の物に取り替える
S	簡素化 Simplify	● 単純化する ● 簡単にする ● 数を少なくする ● サービス水準を下げる

"自問する"

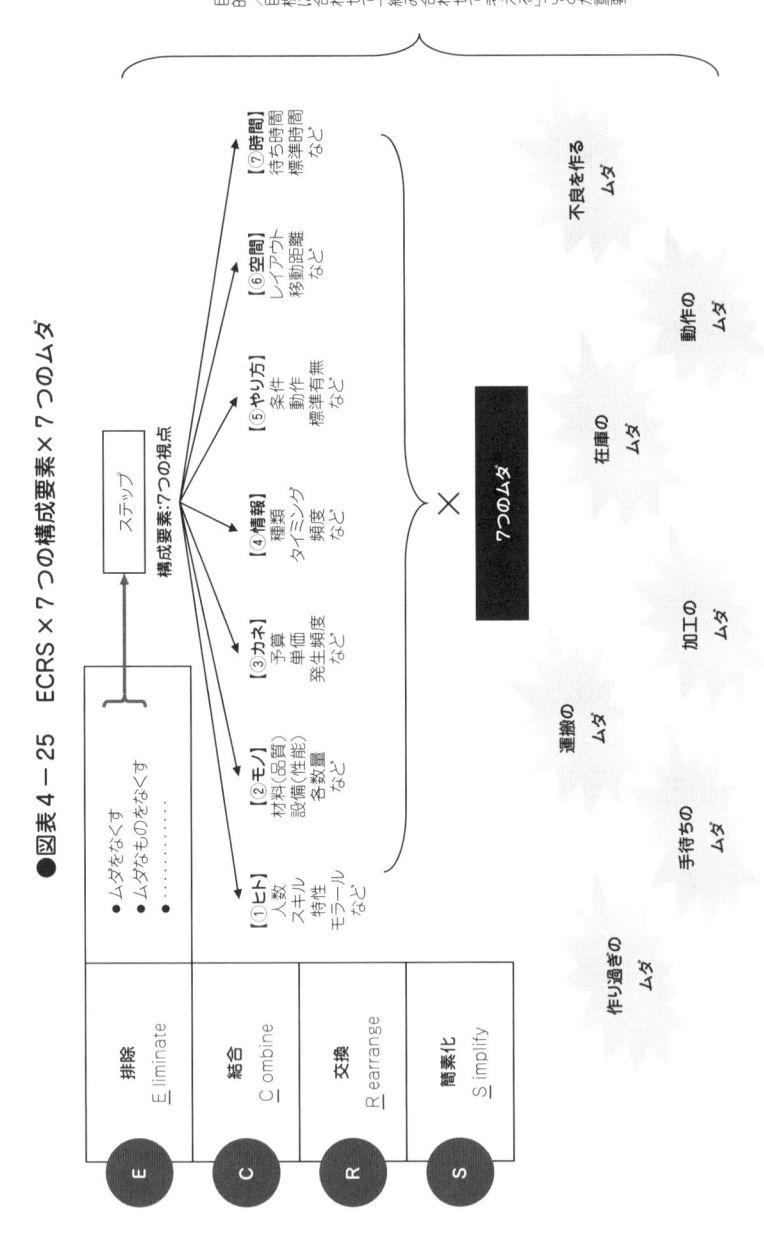

● 図表 4-25　ECRS × 7つの構成要素 × 7つのムダ

排除 Eliminate	・ムダをなくす
結合 Combine	・ムダなものをなくす
交換 Rearrange	…………
簡素化 Simplify	

→ ステップ

構成要素：7つの視点

[①ヒト] 人数 スキル 特性 モラール など

[②モノ] 材料（品質） 設備（性能） 各数量 など

[③カネ] 予算 単価 発生頻度 など

[④情報] 種類 タイミング 頻度 など

[⑤やり方] 条件 動作 標準有無 など

[⑥空間] レイアウト 移動距離 など

[⑦時間] 待ち時間 標準時間 など

× 7つのムダ

目的／目標に合わせて「組み合わせを考える」ことが重要

作り過ぎのムダ　手待ちのムダ　運搬のムダ　加工のムダ　在庫のムダ　動作のムダ　不良を作るムダ

ダ」として広く知られているものを提示しています。「自分の仕事は生産関連ではない……」という方も多数いると思いますが、これは図表４－26のように、生産場面に限ったことではありませんので、みなさんの業務にも当てはめて考えてみてください。

＊　　　＊　　　＊

　ここまで、ECRS、ステップの構成要素を分ける７つの視点、７つのムダを"組み合わせて考えてみる"ことを提示しました。これらの検討過程（＝"組み合わせて考えてみる"）は、みなさんの業務の状況によって異なってくるはずです。過程が異なるということは当然、導かれる結果、つまりムダのありかたやその改善方法（＝新しい仕事のやり方）なども違うということになります。

　したがって、「Ｅ：排除する」のみで最適解を見いだせることもあれば、すべての観点から洗い出した上で複数の施策／改善を要することもあるでしょう。「全部を必ず使わなくてはいけない」ということはありません。実際の業務やその目的、目標に応じて組み合わせ、使い分けをしてください。さらにいえば、ECRSや７つのムダなどには分類できない"何か"が出てくることもあるかもしれません。そのときには、独自の、自社としての「新ECRS」「○つのムダ」を確立していただきたいと思います。

＊　　　＊　　　＊

　検証できるかどうかは別として、みなさんの導いた結果が、「他社と同じ」「異業種では以前からやっていること」になることもあるでしょう。ベンチマーキングやベストプラクティスの事例を豊富にもっている企業やコンサルタントであれば、"いきなり正解"を持ち出すことも可能かもしれません。

　先進事例へのアンテナを高めておくことは否定しません。能率10訓の実践者の素養として、常時備えておいていただきたいことの１

● 図表 4－26　7つのムダと改善の方向性

「ムダをとる」つもりの対策が、「新たなムダ創出」となっていないかを必ず確認してから適応する

	ムダの種類	想定場面（例）	改善対策・改善検討の方向性（例）
1	作り過ぎのムダ	●余分なコピー ●スケジュールの進み過ぎ ●"とりあえず"の作業指示	●必要数の明示 ●計画精度向上、進捗状況確認頻度の変更 ●ジョブリスト整備、資源再配分
2	手待ちのムダ	●会議のスタート遅延 ●メンバー負荷の未把握①（"暇な人"潜在化、余りある人のモチベーション低下）	●開始時間調整（開始時間の数分前を集合時間として設定など）、ペナルティ ●メンバー能力を踏まえた業務再配分
3	運搬のムダ	●各種特急便の使用（船便→航空便、「普通動便→速達」など） ●遠地に拡散した顧客訪問	●受注締め切り時間の厳守（原則主義＝特例乱発）の廃止）、計画精度向上 ●担当顧客（エリアの）再配分
4	加工のムダ	●過剰包装 ●華美（過美）なプレゼン資料 ●顧客に価値を生まない機能	●簡素化、代替素材使用の検討 ●使用ソフト制限、カラーコピー禁止 ●VOCの定期的確認
5	在庫のムダ	●消耗品のストック余剰 ●メンバー負荷の未把握②（次に進められる"完了している仕事"の放置）	●在庫基準の定期的見直し ●業務量単位の変更、スケジュール設定時のバッファ削減
6	動作のムダ	●手持ち（持っているはずの）資料捜索 ●1回で終わるはずが終わらない引継ぎ ●ショートカットキー未活用（自己流操作横行）	●2S（整理・整頓）、個人ストックスペース削減 ●引継ぎ内容の規定 ●共通リテラシー基準達成のための教育
7	不良を作るムダ	●入力計算ミス ●各種書類のミス（その修正） ●不正確な情報伝達	●ダブルチェック自動化、ボカヨケ ●フォーマット標準化、ダブルチェック ●5W1Hの相互確認、指示書改版

つではあります。しかし、フォーマットを埋めることや、どこからか持ち込んだことをそのままはめ込むような作業は期待していません。みなさんに望むことは、「正解を探しにいく」ということではなく、「最適解を自ら考え出す」ことなのです。

　ECRSの検討を終えると、新しい仕事のやり方が決まります。それらは、チェックリストやワークフロー、作業手順書などの形式として整え、ルールとして徹底、運用していくことになります。ここでいきなり、「完成版ができあがった」とはなりません。確定前に、試行期間を設定し、新しいやり方については「狙った成果が出るのかどうか」「何かムリが発生していないか」などを確認してください。この調整とその後の早期定着は、やはりみなさんのマネジメント力にかかってきます。

13 「業務の標準化ができて、改善成果が出れば終わり」ではない ～継続的改善の必要性～

　前節までで個別業務の改善、標準化が整ったわけですが、ここであと2つ、能率10訓を実践するマネジャーであるみなさんにお願いしたいことがあります。

　1つは「業務の着手」、あるいは「業務の割り振り」についてです。繰り返しになりますが、前節までで完成したのは「各業務の新しいやり方」です。これは、論理的に考えれば、それぞれの業務における目的と手段が合致している、つまり適切な生産性をもって進められることを意味しています。しかし、実務の場面において「自分はたった1つの業務しか担当していない」ということは、ほとんどないはずです。

　1人で複数の業務をこなす、つまり、「複数の業務が同時進行」であることが圧倒的に多いのではないでしょうか。この場合、図表4－27のような状況が起こります。この図表にあるように、A～Cそれぞれの業務をいわば標準時間で終えることができていたとしても、実際の着手から終了までは、標準を遥かに超えてしまっています。日々のマネジメントのあり方は次章で述べますが、個人の負荷や能力を考慮し、仕事の割り振りや着手のタイミングをコントロールするのも、みなさんの重要な任務です。

　もう1つは「継続的な改善」の必要性についてです。これも総論としてはすでにご理解いただけていることでしょう。このことを最後に再確認したいと思います。

　本章－11節（P.139）では、「プロセスのステップに問題があると

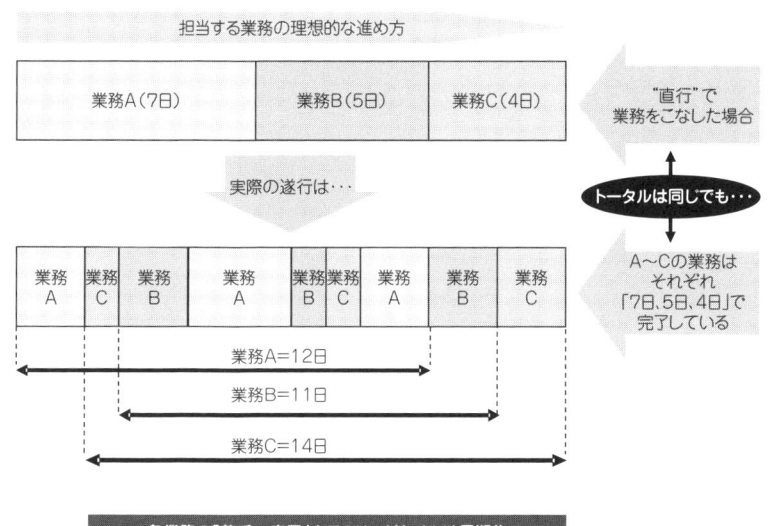

第4章 生産性向上へのアプローチ

●図表4－27　「複数の業務をこなす」が前提

担当する業務の理想的な進め方

| 業務A（7日） | 業務B（5日） | 業務C（4日） |

"直行"で業務をこなした場合

実際の遂行は…

| 業務A | 業務C | 業務B | 業務A | 業務B | 業務C | 業務A | 業務B | 業務C |

業務A＝12日
業務B＝11日
業務C＝14日

トータルは同じでも…

A～Cの業務はそれぞれ「7日、5日、4日」で完了している

各業務の「着手～完了」までのリードタイムは長期化

ころはどこか」という視点で検討を進めていきました。仮に、その際に「最も問題が大きいところ（＝ボトルネック）」に焦点を当て、改善したとします。ここでもうお気づきでしょう。「2番目の問題点＝新たな最大の問題」となるわけです。これが次に着手するべき対象となります（図表4－28）。

このように、1つの改善、そこで一段と高い生産性向上の成果を上げることができたとしても、次にするべきことは必ずあるのです。「継続的改善」などと聞くと、これまでのみなさんであったら、少し距離を置きたくなっていたかもしれません。しかし、第1章－3節（P.9）で述べたように、改善は本来、日常的にもできるはずのことでした。そして、能率10訓を実践するマネジャーとしては、これを"当たり前のこと"としていただきたいのです。この"当たり前のこと"を、次章で確認していきます。

● 図表 4－28　ボトルネックはなくならない

【従来の業務状況】

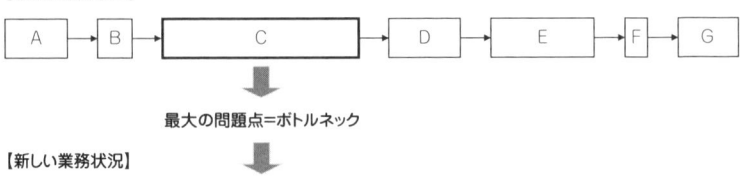

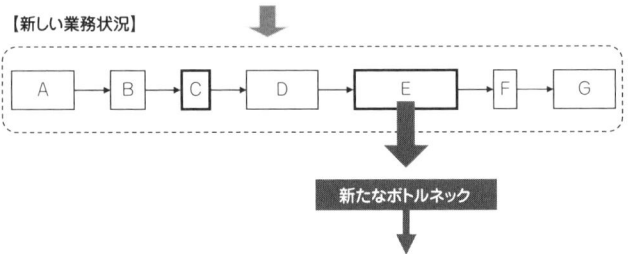

A → B → C → D → E → F → G

↓
最大の問題点＝ボトルネック

【新しい業務状況】

A → B → C → D → E → F → G

↓
新たなボトルネック
↓
この部分の改善後にも"新たなボトルネック"は登場

□ ：ステップや作業などの"悪さ度合い"（生産性の悪さ）を示しているとします。

第5章

生産性向上のための
マネジメントのあり方

① マネジメント活動についての確認

　ここまで、第3章では、「トップの意志を理解する、そして全社最適の視点を備えることを目的とした自社の現状把握」、そして第4章では、「全体最適を踏まえた上で自らの業務活動の現状把握」を見てきました。これらは、組織としての生産性向上を進めていくために必要なことです。

　この第5章では、成果獲得および維持に向けて、能率10訓を実践し生産性向上に貢献するマネジメント活動のあり方を考えていきます。

＊　　　＊　　　＊

　ここではまず、改めて、日々のマネジメント活動について確認す

●図表5-1　日々のマネジメント活動のイメージ図

成果の獲得
目標達成、到達に向けて

成果の獲得に向けて、
マネジメント活動を日々実践していく

現状の把握
3章　自社の状況把握
4章　業務プロセスの棚卸、把握

ることから始めたいと思います。

　マネジメント活動の対象は、大きく分けて「仕事」と「人」の2つがあります。

　「仕事」をマネジメントするとは、まず目的があり、その目的と目標達成に必要な「仕事」の状況をしっかり把握することです。月末や期末になって明らかになる結果だけを把握するものではありません。その結果に至る活動プロセスを把握することを意味しています。これは、「最善の結果をもたらすためには、途中でどのような活動（補強や変更など）をすればよいのか」を考えながら進めていくということです。これは「最後の最後まで最適の実現を諦めない」と言い換えることもできるでしょう。

　次に、「仕事」をなす主体者である「人」についてです。「人」がもつ能力とその発揮が、成果の出来不出来を決めます。「人」のマネジメントとは、成果獲得に向けて、その「人」の能力をさらに高めて、活動の質と量を上げていくように働きかけていくことを意味しています。つまり「能率を上げる」ということです。

　生産性を高める活動には、「仕事」と「人」の両方を意識して、相乗して高めていくという当たり前のことを日々、確実に意識し、行動することが求められます。

　誰かにそういわれれば「当たり前でしょう」と誰もが答えられるようなことは、「誰かにいわれるまでは思い出さない」ことが多いものです。このような場合、すべてとは言いませんが、意識はあっても意欲とはならず、行動にはつながりません。能率10訓を実践している人の意識は、行動に直結するものを指します。

② 「目標の質」にこだわりをもち、高めていく

　マネジメント活動においては、その目的、達成すべき目標を明示することが不可欠です。それらが明示される（あるいは明示する）ことによって、自分自身の取り組む意欲はもちろん、同じ目標に向かう他のメンバーの意欲も高めることができます。

　能率10訓の実践者は、この目標を明確に示すために「目標の質（＝内容）」にこだわりをもち、その質を高めていこうとしています。

　「目標の質」にこだわるとは、「自分はどういう活動を意識して取り組めばいいのか」という、活動の中核が明確にできているということです。中核をもち、そしてブレることなく活動し続けていくことで、周囲の共感を獲得していきます。

　「活動の中核を明確にする」。これは、上位から与えられた目標や組織として取り組む目標の達成に向けて、「自らがどう貢献できるか」を真剣に考えること意味しています。受け売りではなく咀嚼することによって、自らに課せられた目標に納得する。基本的にはこの時点で「自らの言葉」でそれをメンバーや周囲の人たちに語れる状態になっているはずです。そうであってこそ、達成に向けた活動を主体的に取り組むことにつながっていくのです。

　自らが、自分の取り組む目標にこだわりをもたず、何の動機づけもされないまま日々マネジメント活動をしているようでは（これは真のマネジメント活動とはいえませんが）、活動の中核は定まらず、いつも不安定なものになってしまいます。そのような活動を支持してくれるメンバーはいるでしょうか。形式的な対応を除き、価値観を共有化した協調や協働は難しくなります。

　　　　　　＊　　　　＊　　　　＊

　実践者には、「目標の質を高める」ことが求められますが、そのために不可欠なことがあります。それは時間軸の意識……。本書で何度も述べている短期的志向と中長期的志向を併せもつことです。これは「目標の質」においても重要なことなのです。

　短期的志向に限定すれば、多くのみなさんは備えることができていると思います。問題となるのは「短期的志向だけ」の場合です。つまり、中長期的な志向が脆弱、あるいは欠落してしまっているような場合です。

　短期的志向、つまり短期的な目標達成のマネジメントに努めながらも、自社が全体として向かうべき方向性とつながっている（＝全体最適）ことを意識できているかどうか。あるいは部下の短期的目標達成を支援しながらも、長期的な育成目標との整合を常に意識しているか。それに応じたアドバイスができているか、といった活動が重要なのです。

　第2章以降、繰り返し述べてきた通り、経営理念やトップの方針、中期事業計画の内容をまず咀嚼する。そして自身の言葉として変換する。さらに「自職場としてどのような貢献をしていくのか」「自職場の活動の方向は経営全体に対してどうつながっているのか」を考え、実際に結び付けていくことが中長期的志向を磨く上で大切です。

　「中長期的志向をもつ」こと、そのためには、ものごとを観る眼を豊かにし、捉える観点を研ぎ澄ますことが必要です。自分（あるいは職場）だけを中心に考えるような〝ただの部分最適〟的な見方では、ものごとの本質や真意を掴むことはできません。

　①自分（あるいは職場）の置かれている環境が、どう変化してい

るのか。
②相手（お客さま）は、自分に何を求めているのか。
③競合は誰であり、どのような力をもっているのか。
④自分（あるいは職場）には、どれくらいの力があり、周囲からどう評価されているのか。

このように、さまざまな角度から観ることができるかどうか、このような見方ができるかどうかは、本質を掴むためには必須であり、中長期的な方向性を描くことができるかどうかの分岐点となります。
　とはいえ、最初から何が何でも「さまざまな角度から」でなくてもかまいません。上述した「自分以外の４点」から、まず始めてみましょう。

③ 活躍のための「考える時間をつくる」

　組織の中で、自らの目標や役割が大きくなっていく。それとともに生じる代表的な変化があります。それは、成果達成に向けて1人で完結する仕事は少なくなり、周囲と協働しながら進めていく仕事が増えていくことです。

　周囲をとりまとめ仕事を進めていくためには、活動の方向性を「描き」、そして描いた内容を周囲に「説き続けること」に、時間をかけて取り組んでいかなければいけません。

　「時間をかけて考え、説き続けること」は、簡単なことではありません。だからこそ、意識的に取り組まなければならないのです。この意識がなければ、目先の結果だけを追い求めてしまう短期的志向に簡単に陥ってしまいます。

　時間をかけて考え、説き続けるために「考える時間をつくる」。このことは、高い生産性を上げてマネジメント活動をする上で必要なことなのです。

＊　　　＊　　　＊

　日々のマネジメント活動のどの部分に多くの時間を割いていますか？

　組織における上位の立場や役割を担うようになり、協働で仕事を進めることが増えていく。そうした中で、部門全体を見るマネジメント活動と、個々の業務や案件を見るプレイヤーとしての活動の両方を担う人が増えています。こうして「忙しい」と感じることも増えていきます。この「忙しい」の状態に陥ると、知らず知らずのうちに、ムダやムリが生じてしまっている場合があります。まず、こ

の部分を見直してみましょう。

　また、組織における自らの立場や役割、周囲からの期待を理解できていますか？　これができていないと、場当たり的な活動に終始してしまっている可能性が高くなります。その都度直面する問題にだけ目を向け、その解決に向けた課題に手を打つだけ、こうしたモグラタタキでは、「考える時間をつくる」ことはできません。

　意識的に、意図的に時間をつくる。これは、思い切って従来の活動スタイルから、新しい活動スタイルに切り替えていくことでもあるのです。

　活動スタイルを切り替えていくことで、
　・自らがなすべきことが何であるのか
　・メンバーに任せていくことは何か
　・他部署や周囲の関係者に協力を要請していくことは何か
をしっかり仕分けしていくことができます。こうしてはじめて、自らが本当にすべき仕事に一番多く考える時間をかけることができるのです。

◆4 協働できるメンバーを増やす

　前節でお伝えしたように、担う役割が大きくなるにつれて、協働して取り組む仕事は増えていきます。また、メンバーに仕事を任せていくことも増えていきます。
　これらの変化は、「仕事を実行する主体者が、自分だけではなく、周囲のメンバーも含めたものになっていく」と言い換えることができます。すなわち、協働するメンバーにも「能率10訓を実践し高い生産性を生み出すマネジメント活動ができる」ように求めていくことになります。
　ここでは、協働するメンバーが活躍できるよう支援していくための働きかけ方、関わり方を中心に考えていきます。

　　　　　　　＊　　　　＊　　　　＊

　最初にすることは、協働するメンバーの「今の力」を把握することです。「今の力」には、メンバーがもつ能力や知識、情報などが対象となります。ここでいう情報とは、社内外のお客さまや関係者との関係、ネットワークなどについても含めます。
　「今の力」を把握する際に、その雛型とし活用していただきたいのが、プロセスマップです。第4章-4節で作成したプロセスマップは、その業務の流れを示すものでした。そして、プロセスを構成するステップには、さらに業務を具体化した内容（ワークフロー）や、ステップに該当する仕事を完了させるために必要な構成要素をチェックリストとして整備しました。これらをもとに、業務を進める上で必要な能力や知識、情報などを整理します。その業務の遂行に必要な標準スキルやノウハウ、能力の雛型として活用するわけで

●図表5−2　プロセスマップから支援のポイントを掴むためのフロー

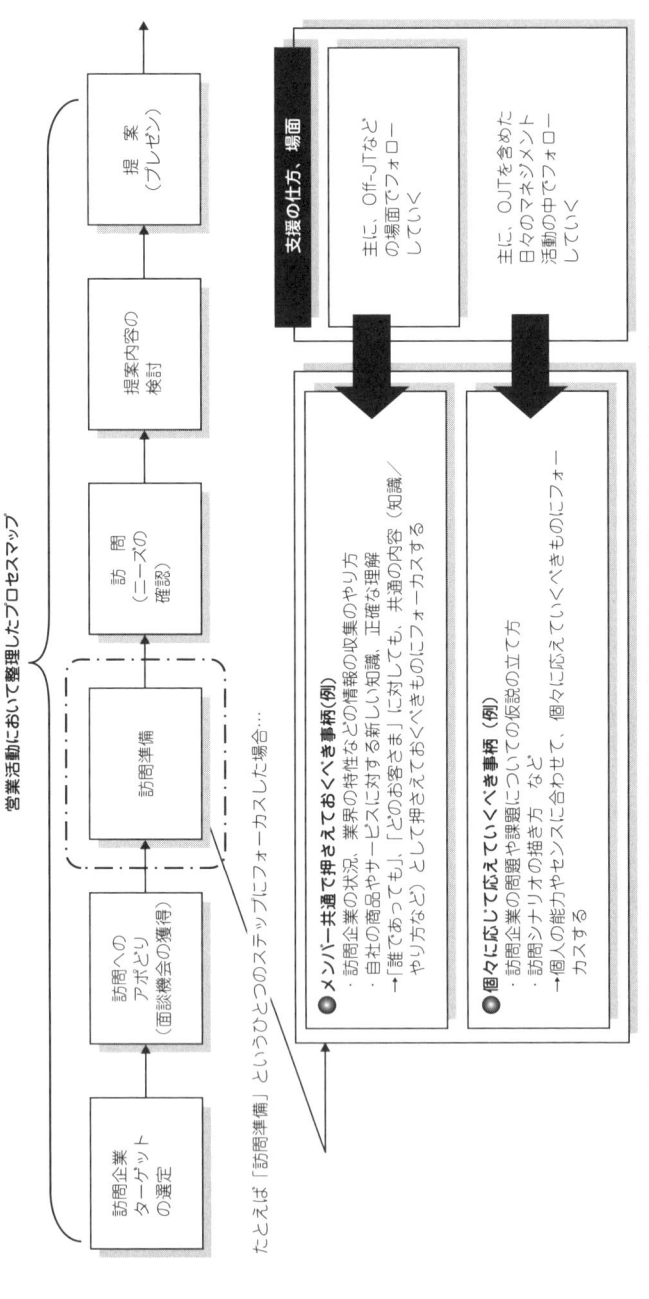

営業活動において整理したプロセスマップ

訪問企業ターゲットの選定 → 訪問へのアポどり（面談機会の獲得） → 訪問準備 → 訪問（ニーズの確認） → 提案内容の検討 → 提案（プレゼン）

たとえば「訪問準備」というひとつのステップにフォーカスした場合…

支援の仕方、場面
- 主に、Off-JTなどの場面でフォローしていく
- 主に、OJTを含めた日々のマネジメント活動の中でフォローしていく

● **メンバー共通で押さえておくべき事柄（例）**
・訪問企業の状況、業界の特性などの情報収集のやり方
・自社の商品やサービスに対する新しい知識、正確な理解
→「どのお客さま」に対しても、共通の内容（知識／やり方など）として押さえておくべきものにフォーカスする

● **個々に応じて応えていくべき事柄（例）**
・訪問企業の問題や課題についての仮説の立て方
・提案シナリオの描き方　など
→個人の能力やセンスに合わせて、個々に応えていくべきものにフォーカスする

※個々のステップに、共通して学ぶことができる事柄や課題がある。また、それぞれに個々に応じていくなすべき事柄がある。
※それらも含めて整理することで、メンバーの今の力を把握するとともに、育成に向けた活動支援につなげていくことが実現できる。

170

す。これをもとにメンバーの「今の力」を把握していきます（図表5－2）。

　この雛型をもってメンバーを見てみると、当然のことながら、メンバーによって違いがあるはずです。ステップごとに「得意／不得意」の領域も見えてくることでしょう。「得意／不得意」については、日常業務から「彼／彼女はここが弱いに違いない」ということも察することができると思います。しかし、ここで過去のたとえばトラブルなどの印象が思い込みとなってしまっている場合があります。第4章－11節で紹介した「④顕在化している手戻りと潜在化している手戻りのステップを見つける」（P.147）の考え方を活用し、実務の状況を照らし合わせて判断の上、評価してください。

　プロセスマップのすべてについて、個人ごとに把握するのではありません。仕事の細部までを把握するのではなく、ある仕事を進める上での活動プロセスを押さえ、その活動プロセスを変化させるポイントを押さえれば十分です。その業務全体の重要なステップ、加えて、個人にとって十分でないステップ、より向上させたいステップに重点を置きましょう。

　ここで注意したいのは、仕事を捉える範囲です。あまりにも細かく捉え過ぎると"管理、管理"の色合いが濃くなってしまいがちです。場合によっては、管理することが目的化してしまう危険があります。

＊　　　＊　　　＊

　プロセスマップを介して押さえるポイントは、次のようなものです。

・メンバーが、現在どのステップの活動をしているか。
・メンバーの「得意／不得意」なステップはどこか。
・それをメンバー本人は認識しているか。

・メンバーの能力アップを優先的に図るためのステップや能力、スキルは何か。
・本人は、現状の遂行状況および今後について、どのように考えているか。

　これらのポイントを押さえることで、メンバーの成長を支援していくことができます。第4章の図表4－28（P.160）で紹介した内容と同様に、最初に押さえたポイントが強化なり、改善なりされれば、次に目をつけるべきポイントが変わってくる場合があることは忘れないようにしましょう。

5 メンバーの成長を促す「活動」の設定

　「メンバーを把握する」とは、メンバーの個性やもっている能力や知識などを知るという意味です。また、それだけでなく、メンバーが今、向き合っている仕事や活動が「そのメンバー本人にとってどのような意味をもつのか」、あるいは「どのような役目や効果を果たすものなのか」を見極めることも意味しています。

　第4章では、「お客さまにとって価値のない業務」（非付加価値業務）は、廃止や極力削減することを志向してきました。一方で、「短期的には廃止やアウトソーシングできないもの」「非付加価値業務であっても社内で処理せざるを得ないもの」「自社のノウハウとして留めておくべきもの」などもある、としてきました。言い換えると、非付加価値業務は社内には必ず残ってしまうということです。

　たとえ非付加価値業務であっても、それを容易にこなすことができるメンバーもいれば、"発展途上"というメンバーもいるはずです。そこで後者に対して単純に、「能力が不足している」「生産性が低い」とは判断しません。

　そのために、メンバーの弱い部分、あるいはさらに向上して欲しい部分を課題として設定します。その上で、育成にあたっては課題解決のための働きかけを意図的に、かつ顕在的／潜在的を使い分けながら行っていくことが求められるのです。

　そこで、メンバーの課題設定のためにまず行うべき、「メンバーの業務を捉える方法」を、次のマトリクスで見ていきます（図表5－3）。

　　　　　　＊　　　　＊　　　　＊

●図表5-3　メンバーの業務の捉え方

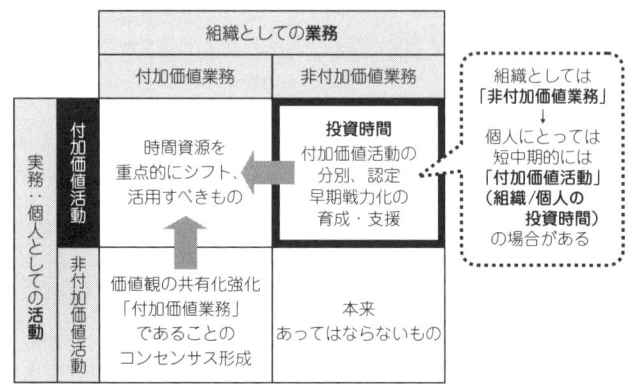

		組織としての**業務**	
		付加価値業務	非付価値業務
実務：個人としての活動	付加価値活動	時間資源を重点的にシフト、活用すべきもの	**投資時間** 付加価値活動の分別、認定 早期戦力化の育成・支援
	非付加価値活動	価値観の共有化強化 「付加価値業務」であることのコンセンサス形成	本来あってはならないもの

組織としては
「非付加価値業務」
↓
個人にとっては
短中期的には
「付加価値活動」
（組織/個人の投資時間）
の場合がある

※非付加価値業務も投資に値すれば付加価値活動

●図表5-4　メンバーの業務の捉え方例～会議

★『会議』という、日常定型化しているものに対しても、集団と個人の活動レベルを具体的に整理していくことで、価値ある業務とそうでない業務に整理することができます。

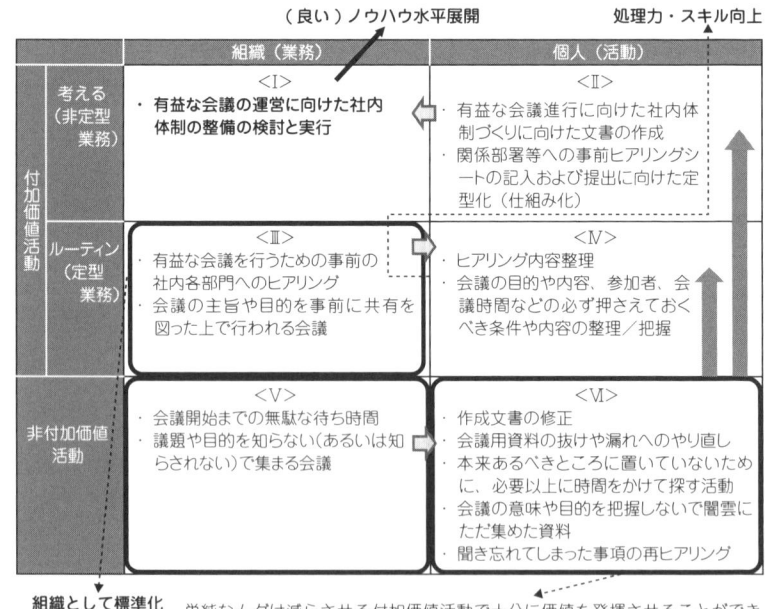

（良い）ノウハウ水平展開　　　　　処理力・スキル向上

		組織（業務）	個人（活動）
付加価値活動	考える（非定型業務）	＜Ⅰ＞ ・有益な会議の運営に向けた社内体制の整備の検討と実行	＜Ⅱ＞ ・有益な会議進行に向けた社内体制づくりに向けた文書の作成 ・関係部署等への事前ヒアリングシートの記入および提出に向けた定型化（仕組み化）
	ルーティン（定型業務）	＜Ⅲ＞ ・有益な会議を行うための事前の社内各部門へのヒアリング ・会議の主旨や目的を事前に共有を図った上で行われる会議	＜Ⅳ＞ ・ヒアリング内容整理 ・会議の目的や内容、参加者、会議時間などの必ず押さえておくべき条件や内容の整理／把握
非付加価値活動		＜Ⅴ＞ ・会議開始までの無駄な待ち時間 ・議題や目的を知らない（あるいは知らされない）で集まる会議	＜Ⅵ＞ ・作成文書の修正 ・会議用資料の抜けや漏れへのやり直し ・本来あるべきところに置いていないために、必要以上に時間をかけて探す活動 ・会議の意味や目的を把握しないで闇雲にただ集めた資料 ・聞き忘れてしまった事項の再ヒアリング

組織として標準化

単純なムダは減らさせる付加価値活動で十分に価値を発揮させることができていない要因になっているものを補完（修正、再作業など）するものは、その個人のレベルによっては「価値活動」として認める。
→　下線部分は他の人よりもたくさん時間をとる必要がある場合がある。

このことをさらに「会議」という具体的事例をもとに確認したいと思います。図表5-4では、「会議」を例としています。
　「付加価値活動／非付加価値活動」と、「組織（業務）／個人（活動）」。この枠組みを整理することで、「本当に価値ある活動は何か」、それに対して「組織や個人として、どう取り組むべきなのか」を理解することができます。
　メンバーが成長できるよう、マネジャーであるみなさんもそれぞれに、どういう活動を求めていくのかを明らかにしていく。それによって、個人にとって価値ある活動を設定することができます。そしてその活動は、中長期的には組織にとっての価値ある活動、またはそうした活動ができる人材の育成につながっていくのです。

⑥ メンバーの成長を促す働きかけ

　能率10訓を実践し高い生産性を生み出せるメンバーを育てるためにも、短期と中長期という視点が重要になってきます。まず、メンバーそれぞれの活動スタイルを現時点で捉える、そして、将来を見通した場合に、「どうなって欲しいのか」を考えることが必要です。

　メンバーが現時点で、期待以上の成果を上げている場合には、何もいうことはないと思うかもしれません。しかし、さらに上を目指して、より大きな活躍を期待するならば、今以上の成長につながるスタイルを示し、伝えることが必要です。

　図表5－5は、メンバーが今の活動スタイルを見直して、新しいスタイルに成長していく変化をイメージした図です。イメージ図にある①～④のステップで、新しいスタイルに成長していくことができるように働きかける具体的内容と、そのときのポイントを図表5－6に示しています。

　メンバーを育て上げていくためには、「見守り続けていく我慢」を

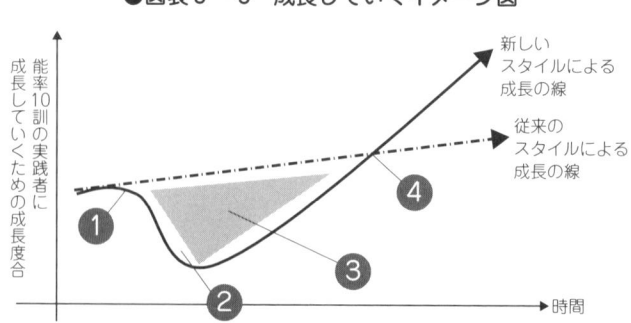

●図表5－5　成長していくイメージ図

もって臨むことが重要です。こうして独り立ちしたメンバーは、大きな自信をもって活躍することでしょう。

●図表5－6　成長を促す働きかけ

働きかけるステップ	メンバーへの働きかけ	具体的な内容	重要ポイント（働きかけ方）
①	成長のための揺らぎ（刺激）を与える	「今のままでも十分な成果をあげ、それなりの成長を期待できるかもしれない…」。しかし、さらなる活躍を期待するからこそ、一度立ち止まって、これまでのスタイルを見つめ直すことを諭すタイミングです。また、本人が悩んでいたり、壁や天井を感じていたりするときは、まさにそのタイミングです。	●これまでの活動をしっかり認め評価する。 ●さらなる活躍を期待した場合、望ましい成長像や活動スタイルがあることを伝える。 ●成長していくためには、これまでのスタイルも変えなければならない可能性があり、その変革には時間も要し、努力も要ることを伝える。 ●「やりなさい」と指示するのではなく、本人が自らの成長を期待し、チャレンジする意欲があるかどうかを確認した上で、成長に向けた具体的な活動スタイルを示す。
②	成長するための障害（従来のスタイルとの葛藤・決別）	新しいスタイルを実践するとは、慣れないスタイルで行うことでもあります。時間がかかり、短期的には生産性が下がる可能性もあります。さらにその状態が続くと、メンバー自身は、不安を強く感じるようになります。すぐに成果につながらない焦りや苛立ちは、成長に必要なプロセスであると理解して、地道に継続できるかどうかが、成長の分かれ道になります。	●新しい活動のスタイルが、決して間違っていないことを途中でしっかり伝える。 ●新しい活動スタイルで、成果につながる兆しが見えたときには、きちんと気づき、ほめて評価する。 ●新しい活動スタイルに慣れるまでは、通常よりも高い頻度で観察し、メンバーの近くで活動を見ること。 ●新しい活動スタイルのチャレンジを始める際に必ず、3ヶ月や半年など、期間を設けて行う。
③	成長感、高揚感、充実感を味わう	成長の兆しを感じ、少しずつ自信がついてきたら、あとはその自信を確実に成果につなげていくためのサポートをするのみです。	●②の時のような近い距離でメンバーの活動スタイルを見守らない。ある程度、メンバー本人に任せていく。 ●新しい活動スタイルを試す機会を意図的に与える。「経験の場づくり」による支援をする。 ●新しい活動スタイルによる成功体験を積上げていくことで、メンバー本人が掴んだものをメンバーと一緒に確認する。（成功体験を共有化、公式化させる）
④	能率10訓の実践者として、メンバー自身が成長を遂げる	サポートなくして、メンバー自身が、実践者として活躍する状態です。	はじめに共有した望ましい成長像や活動スタイルと、実践者として成長した今とを比較し、メンバー自らが自分の成長を実感するように気づかせる。

7 メンバーの新しい活動スタイルの幅を拡げるために

　図表5－5で示したような、次の成長に向けて新しいスタイルを与えるためには、どうしたらよいのでしょうか。みなさんのどのようなマネジメント活動が、メンバー自らが新しいスタイルに気づくことにつながるのでしょうか。

【あるスタッフ部門の一業務の場合】
　ある伝票処理業務を考えてみましょう。この業務を部門内では最適といえる生産性の実現を果たしたＡさん。このＡさんのさらなる成長を支援していくために、これまでの努力と成果をまず評価します。その上で、Ａさんに「その伝票処理業務について時間短縮だけでなく、よりよい改善方法がないか」を尋ねてみます。
　すると「そもそも他のメンバーから回ってくる伝票がすべて納期通りであれば、処理をもっと早く始められるので　当然、完了も早くなる」。これはつまり、現在の伝票処理業務という１つの仕事を極めるだけでなく、その業務の前工程にまで眼を向けることができている状況です。
　この前工程にある別の業務の改善をＡさんに検討してもらう。その準備として、その業務も行ってもらう。このように、「１つの業務を極める」ことは部分最適として必要ですが、そこに"つながっている"ことに目を向けさせる、全体最適の目線をもたせる（仕向ける）ことによって業務の幅が広がります。そして、前工程を含めた処理活動をＡさんが行うことで、改善できるポイントやそのやり方に対する工夫の幅を広げていくことにつながります。

これこそが多能化、つまり、さまざまな業務をこなす「マルチタスク／マルチジョブをこなす有能な人材」として活躍の幅を拡げることでもあります。まさに高い生産性を生み出す能率10訓の実践者として成長しているといえるのです。

　スタッフ部門のメンバーに対して、「特定業務の専門性を極める」ことだけを求めるとします。その成長や習熟度は一般的に、当初は急激に伸長しますが、経験を積むにつれて緩やかな成長に変わっていくものです。その後も地道に能力を高め、業務の生産性向上や改善を継続したとしても、そこには限界が訪れます。なぜならば、必要な業務を「ゼロタイム、ゼロコスト」にすることはできないからです。
　とはいえ、実践者として成長できるように促すならば、そのような状況に直面したメンバーに対して、まずは仕事に取り組む活動の努力をしっかりと評価し、認めることからはじめていきます。そして、メンバーのさらなる成長を期待し、異なる活躍の場を与えることで、さらなる仕事の幅が膨らんでいくのです。
　余談ですが、一般に「できる人材」と呼ばれる人は、まさにこの「マルチタスク／マルチジョブ」で仕事をしている場合が多いようです。これは生産性向上の1つの手段として、製造業であればライン生産からセル生産へ移行、さらにそのセル生産自体も進化させています。また、従来は「セクション別」「業務別に担当を置く」が業界では当たり前だったスーパーなどの小売業やホテルなどのサービス業でも、マルチジョブ化が試行されているのもこうした理由からのようです。

【特定の人に仕事がついてしまっている場合】

　もう1つの例として「仕事が個人についてしまっている」(仕事がブラックボックス化し、属人化してしまっている)場合を考えてみましょう。

　「Bさんがいないと仕事が止まってしまう」。良い意味でも悪い意味でも、多くの企業で見られる光景です。高度な技術や各種業務の専門性を極めた人物。こうしたメンバーは、組織にとっては貴重な"人財"であることは間違いありません。そして組織は、こうした"人財"にさらに上の立場や役割を担ってもらい、「今よりも大きな成果や異なる活動に取り組んで欲しい」という期待を寄せるのです。

　自らの専門性を磨き、極めていくことに強い興味や関心をもっているメンバー。あるいは、会社における重要な部分を担っているという強い責任感や使命感をもっているメンバー。それぞれ貴重な人材なのですが、貴重なノウハウやナレッジを自分の中だけに蓄積してしまうことが多く、結果として貴重な財産であるノウハウやナレッジは属人的な暗黙知として埋没してしまいます。

　そういった人に対して、どう伝えて、働きかけていけばよいのでしょうか。

●図表5－7　仕事の幅を広げる「良さ」の2側面

①仕事の大局的な意味を伝える 〜職場や組織、チームにとっての「良さ」を伝える〜	②その人にとっての意味を伝える 〜メンバー本人にとっての「良さ」を伝える〜
●その専門性はチームにとって欠かせないものである。 ●その専門性は他のメンバーにとって、良い刺激となり、良い成長につながる。 ●専門性を開放することで、他のメンバーとの"知の共有"を図ることができる。 ●この"知の共有"を図っていく活動は、組織や周囲が期待している役割でもあり、組織としての最大価値の発揮につながる。 など	●自分の専門性を人に伝えることで、これまでの活動や経験を整理するいい機会となる。 ●専門性を開放することで、周囲に自分の考えや"想い"を知ってもらう機会になる。 ●専門性を開放することで、協力者、支援者を得ることにつながる。 ●専門性を開放することで、他のメンバーの意見や考えを知ることもできる。 ●それによって新しい考えや発想のヒントを掴むきっかけとなる。

第5章　生産性向上のためのマネジメントのあり方

　この場合もこれまで同様、今の仕事をしっかりと評価し、認めることが第一です。そして、さらなる仕事の幅を拡げることの「良さ」をしっかり伝えます。この「良さ」は、組織やチームにとっての良さと、メンバー本人にとって良さの2つの側面から伝えていきます（図表5－7）。

　このように、"職場や組織、チームにとっての良さ"と"メンバー本人にとっての良さ"という両面から確認することで、メンバーの成長を促す働きかけが可能になるのです。

＊　　　＊　　　＊

　以上のことを踏まえて、能率10訓の実践者として成長を遂げていくために、メンバーが新しいスタイルに気づく4つの観点を示したものが図表5－8です。

　メンバーの「今の力」を把握することで始まった①の状態。そこから、仕事の範囲や活動内容を見たり、新しい知識や技術の観点か

●図表5－8　成長を促す「仕事の幅を拡げる4つの観点」

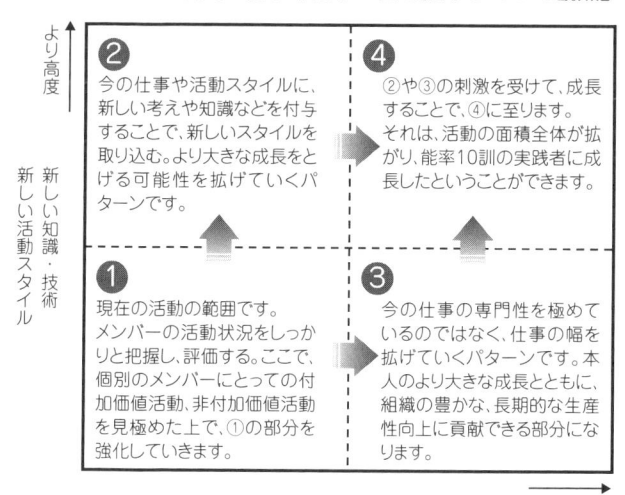

縦軸：新しい知識・技術　新しい活動スタイル（より高度）
横軸：仕事の範囲内容（より広い）

❷ 今の仕事や活動スタイルに、新しい考えや知識などを付与することで、新しいスタイルを取り込む。より大きな成長をとげる可能性を拡げていくパターンです。

❹ ②や③の刺激を受けて、成長することで、④に至ります。それは、活動の面積全体が拡がり、能率10訓の実践者に成長したということができます。

❶ 現在の活動の範囲です。メンバーの活動状況をしっかりと把握し、評価する。ここで、個別のメンバーにとっての付加価値活動、非付加価値活動を見極めた上で、①の部分を強化していきます。

❸ 今の仕事の専門性を極めているのではなく、仕事の幅を拡げていくパターンです。本人のより大きな成長とともに、組織の豊かな、長期的な生産性向上に貢献できる部分になります。

ら見たりすることで、②や③に進みます。そして最終的に、実践者として成長した④に至るのです。

　このように、メンバー一人ひとりの成長を持続していくとともに、そうした生産性向上に向けて自らが成長していくことの重要性を強く感じる価値観を周囲のメンバーと共有し、同じ方向を向いていくことで、組織として生産性も高めていくことができるのです。

8 生産性向上のための マネジメント活動に本気で向き合う

　この章では、生産性向上のためのマネジメント活動について、さまざまな点からお伝えしてきました。しかし、これらお伝えしてきた内容は、決して目新しいものではありません。まさに当たり前ともいえるものだと思います。その意味からすると、この活動を実践するとは、「当たり前と言われ、知られながら、実務ではおざなりにされてきたことがきちんと実践できる人」とも言い換えることができるでしょう。

　当たり前のことを続けていくためには、自らの信念をもって、自らが考え、想い描いたことを懸命に実行していくことが一番です。

　しかし現実は、予想していないことが起きたり、状況が刻一刻と

●図表5-9　「考えること」から「実行」への展開

自らが、適切な考えを導くこと、そして、適切に行動すること、
これらを決断して初めて成功に導くことができる

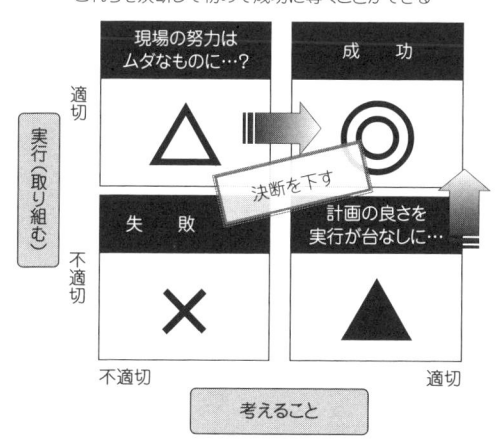

	考えること 不適切	考えること 適切
実行（取り組む）適切	現場の努力はムダなものに…？　△	成　功　◎
実行（取り組む）不適切	失　敗　×	計画の良さを実行が台なしに…　▲

決断を下す

（戦略、計画、問題／課題の設定なども含む）

変化したりする中で、マネジメント活動をしています。時間をかけて考えても、本当にこのまま進めていいのだろうかとためらったり、あるいは、やっぱり引き返そうかと迷ったりの連続です。そういった状況下でも、能率10訓を実践しつつ、高い生産性を生み出すマネジメント活動をしていくためには、実行に向けた決断をくだす勇気も必要なのです。

　目標の質にこだわりをもつ。さまざまな観点をもつ。あるいはマネジメントスタイルを変えていく。いずれの状況においても、生産性の向上やメンバーの成長といった成果を出していくためには、ものごとを成し遂げる強い"想い"と、実行に向けて決断する"勇気"が最も重要となります。

　この強い"想い"と決断する"勇気"は、マネジメント活動に本気で向き合うことで見えてくる部分であり、研ぎ澄まされていくものなのです。

参考文献・資料

- 『能率学原論(改訂版)』上野陽一著／技報堂(1955年)
- 『産業能率大学のあゆみ―主観的三十年史』上野一郎著／(学)産業能率大学発行(1980年)
- 『新訂 事務能率ハンドブック』産業能率大学編／産業能率大学出版部(1986年)
- 『競争優位の戦略』M.E.ポーター著・土岐 坤ほか訳／ダイヤモンド社(1986年)
- 『ネクスト・ソサエティ』P.F.ドラッカー著・上田惇生訳／ダイヤモンド社(2002年)
- 『広辞苑(第6版)』新村 出編／岩波書店(2008年)
- 「民間給与実態統計調査(平成20年版)」国税庁
- 「日本経済新聞」2010.2.2・2010.2.5・2010.2.23・2010.3.11・2010.5.1
- 「日経流通新聞」2010.1.11
- 「日経産業新聞」2010.2.16
- 総務省統計局　http://www.stat.go.jp/data/jinsui/tsuki/index.htm

索　引

────── あ行 ──────

ROE　96、98
ROA　96、97
アウトソーシング　131
アサイン　142
「安全性」を把握する経営指標　78、88
ECRS　152、155
ECRSの原則　152
一貫性　111
売上債権回転日数　94、95
売上総利益　72、73
売上高　72、73
売上高営業利益率　82
売上高経常利益率　83
売上高総利益率　81
営業利益　72、73
お客さまの声　126

────── か行 ──────

「会社全体」を把握する経営指標　78、96
改善　125、129
改善余地　146
可視化　117
課題　111
価値　125
価値観の共有化　38
管理会計　66、67
基準　123、126
機能　109、117
キャッシュ不足日数　95
キャッシュフロー計算書　64、71、76
Q（quality）　127
QCD　127、128
業務改善　110
業務改善目標　126
業務棚卸表　112、113、130
業務の棚卸　112、129
業務の着手　158

業務の割り振り　158
業務品質　128
業務分掌　110
経営計画書　60
経営資源　20
経営目標　111
経常利益　72、73
継続的な改善　158
結果だけの管理　114
決算書　69
決算書の種類　72
「効率性」を把握する経営指標　78、92
心の雛型　115
固定観念　69
固定長期適合率　90、91
固定比率　90

────── さ行 ──────

最適解　157
財務会計　66
作業手順　114
作業手順書　157
C（cost）　127
仕入債務回転日数　94、95
資源　121
自己資本比率　61、62、89
自責　30、36、37
「収益性」を把握する経営指標　78、79
垂直統合　132
水平分業　132
ステップ　120、134、139、140
整合性　108、111、129
生産性　2
生産性向上　4、108、123、136
生産性を高める5つのパターン
　　　　　　　　　40、44、52
税引前当期純利益　72、73
ゼロコスト　179

ゼロタイム 179
潜在化している手戻り 147
全体最適
　12、48、50、101、106、129、131、142、150
総資産回転率 93
組織／業務分掌 110
損益計算書 64、71、72

──── た行 ────

貸借対照表 64、71、74
他責 11、36
棚卸資産回転日数 94、95
ダブリ 111
「短期支払能力」を把握する経営指標
　　　　　　　　　　　　　　78、84
チェックリスト 134、157
T(time) 127
D(delivery) 127
定型業務 130
手戻り 147
当期純利益 72、73
当座比率 87
トヨタ生産方式 152

──── な行 ────

7つのムダ 152
ヌケ 113
能率 26
能率10訓 12、13、32、46
能率10訓の実践者 11、12、46、58

──── は行 ────

測れる化 117、121
バラツキ 144
バリューチェーン 106、127
非付加価値活動 174、175
非付加価値業務 136、140
標準時間 146

VOC 126、128、140、142
付加価値活動 58、174、175
付加価値業務 136、140
部分最適
　12、48、50、101、108、142、150
プロセス 134、139
プロセスマップ
　　　　　117、121、134、141、170、171
平均 144
ベストプラクティス 155
ベンチマーキング 155
ボトルネック 139、140、159
本来業務以外の業務 116

──── ま行 ────

マーケティング 129
マーケティングマインドの重要性 129
マージン 106
マネジメント 132
マルチタスク／マルチジョブ 179
見える化 117、121
ムダ 18、20、22、24、111
ムダ・ムリ・ムラの関係 18、19
ムラ 18、22、24、26、111
ムリ 18、20、22、24、111
目的 14
目標 15、125、126
目標設定 140
目標の質 164
もちまえ 26
モレ 111、113

──── や・ら・わ行 ────

役割 111
優先順位 125
流動比率 85、86
ルーチンワーク 130
ワークフロー 114、117、135、157

執筆者紹介

●**松尾　泰**（まつお　ひろし）
学校法人 産業能率大学総合研究所 経営管理研究所 人材開発ソリューションセンター研究員。
明治学院大学経済学部卒業、中央大学専門職大学院国際会計研究科修了、北陸先端科学技術大学院大学知識科学研究科修了。
金融機関、コンサルティング会社を経て産業能率大学に入職。
現在は管理会計、業務改善領域を中心に、研修、コンサルティング活動を行っている。
主な著作物として『これなら絶対に挫折しない！管理会計初級編』(株式会社朝陽会　単著)がある。

●**安藤　紫**（あんどう　ゆかり）
学校法人 産業能率大学総合研究所 経営管理研究所 チェンジマネジメントセンター研究員。
大手電機系シンクタンク他にて新規事業開発支援、事業戦略策定、BSC の運用改善支援等、事業戦略・マーケティング戦略に関わるコンサルティング活動に従事。
2003年産業能率大学に入職。
主な著書として『シックスシグマ―品質立国ニッポン復活の経営手法』(共著)、『リーンシグマ経営―デマンド・エコノミー時代の物づくり革命』(共訳)以上ダイヤモンド社、『ローカルスタンダード経営のすすめ―"オンリー・ワン企業"への方程式』(共著)中央経済社、他多数がある。

●**間瀬　亮二**（ませ　りょうじ）
学校法人 産業能率大学総合研究所 普及事業本部 第1普及事業部。
法政大学工学部経営工学科卒業。
産業能率大学入職後、コンサルティングおよび研修事業の普及活動と事業管理業務に従事。

●**片山　和典**（かたやま　かずのり）
学校法人 産業能率大学総合研究所 普及事業本部 第1普及事業部。
早稲田大学商学部卒業。
繊維系専門商社の勤務を経て、産業能率大学入職後、コンサルティングおよび研修事業の普及活動に従事。

～お問い合わせ先～

（学）産業能率大学総合研究所　https://www.hj.sanno.ac.jp

＊具体的なコンサルティングについて、より詳細な内容等をご希望される場合は、下記宛にご連絡いただければ幸いです。

・普及事業本部　マーケティング部　マーケティングセンター
　　　　　　TEL 03-5758-5117

〔（学）産業能率大学総合研究所　普及事業本部〕

第1普及事業部（東京）	03-5758-5111
第2普及事業部（東京）	03-5758-5114
第3普及事業部（東京）	03-5758-5100
東日本事業部（東京）	03-3282-1112
東北事業センター（仙台）	022-265-5651
中部事業部（名古屋）	052-561-4550
西日本事業部（大阪）	06-6315-0333
中国事業センター（広島）	082-261-2411
九州事業センター（福岡）	092-716-1151

> ## 「SANNO マネジメントコンセプトシリーズ」について
>
> "SANNO マネジメントコンセプトシリーズ" とは、マネジメントの総合教育・研究機関である（学）産業能率大学が、これまで研究活動とその実践で培ってきた（マネジメントの）諸テーマに関する理論（考え方）とその方法論について、実務に生かせる実践的ビジネス書としてまとめ、シリーズ化して刊行されたものです。

仕事の生産性を高めるマネジメント
―何が生産性向上の決め手となるのか―

〈検印廃止〉

編著者	（学）産業能率大学総合研究所 生産性向上研究プロジェクト	ⓒ2010,Printed in Japan.
発行者	坂本　清隆	
発行所	産業能率大学出版部	
	東京都世田谷区等々力6-39-15　〒158-8630	
	（電話）03（6432）2536	
	（FAX）03（6432）2537	
	（振替口座）00100-2-112912	

2010年 7 月 15 日　初版 1 刷発行
2022年12月15日　　　9 刷発行

印刷所／渡辺印刷　製本所／協栄製本

（落丁・乱丁はお取り替えいたします）　　　　　ISBN 978-4-382-05627-5